DA PRÓXIMA VEZ, O FOGO

JAMES BALDWIN

Da próxima vez, o fogo

Tradução
Nina Rizzi

Copyright © 1962, 1963 by James Baldwin
Copyright renovado ©1990, 1991 by Gloria Baldwin Karefa-Smart
Todos os direitos reservados, incluindo o direito de reprodução integral
ou parcial em qualquer formato.
Edição publicada mediante acordo com James Baldwin Estate.

*Grafia atualizada segundo o Acordo Ortográfico da Língua Portuguesa de 1990,
que entrou em vigor no Brasil em 2009.*

Título original
The Fire Next Time

Capa
Daniel Trench

Foto de quarta capa
Granger NYC/ Alamy/ Fotoarena

Preparação
Gabriele Fernandes

Revisão
Huendel Viana
Julian F. Guimarães

Dados Internacionais de Catalogação na Publicação (CIP)
(Câmara Brasileira do Livro, SP, Brasil)

Baldwin, James, 1924-1987.
    Da próxima vez, o fogo / James Baldwin ; tradução Nina
Rizzi. — 1ª ed. — São Paulo : Companhia das Letras, 2024.

    Título original: The Fire Next Time.
    ISBN 978-85-359-3788-6

    1. Afro-americanos 2. Afro-americanos – Religião
3. Baldwin, James, 1924-1987 4. Estados Unidos – Relações
raciais 5. Harlem (Nova York) – Relações raciais 6. Homens
afro-americanos – Identidade racial 7. Muçulmanos Negros
(Movimento religioso) 8. Racismo – Estados Unidos I. Título.

24-200754   CDD-305.896073

Índice para catálogo sistemático:
1. Afro-americanos : Estados Unidos : Relações
raciais   305.896073

Cibele Maria Dias – Bibliotecária – CRB-8/9427

Todos os direitos desta edição reservados à
EDITORA SCHWARCZ S.A.
Rua Bandeira Paulista, 702, cj. 32
04532-002 — São Paulo — SP
Telefone: (11) 3707-3500
www.companhiadasletras.com.br
www.blogdacompanhia.com.br
facebook.com/companhiadasletras
instagram.com/companhiadasletras
twitter.com/cialetras

para James
James
Luc James

Deus deu a Noé o arco-íris como aliança,
Chega de água, da próxima vez, o fogo!

Sumário

MINHA MASMORRA ESTREMECEU:
Carta a meu sobrinho em ocasião do centenário
da abolição 11

AO PÉ DA CRUZ:
Carta de uma região de minha mente 21

Posfácio — Os dilemas de Baldwin —
Ronaldo Vitor da Silva 105
Um perfil de James Baldwin — Márcio Macedo 121

MINHA MASMORRA ESTREMECEU:

CARTA A MEU SOBRINHO EM OCASIÃO
DO CENTENÁRIO DA ABOLIÇÃO

Querido James,

Comecei a escrever esta carta cinco vezes, e nas cinco vezes a rasguei. Continuo vendo seu rosto, que também é o rosto de seu pai e meu irmão. Assim como ele, você é durão, escuro, vulnerável, mal-humorado — com forte tendência a parecer truculento porque não quer que ninguém pense que você é um frouxo. Acho que nisso ele puxou a seu avô, não sei, mas com certeza você e seu pai se parecem muito com ele fisicamente. O fato é que seu avô está morto, sem nunca ter te conhecido, e que ele teve uma vida terrível; foi derrotado muito antes de morrer, porque, de coração, realmente acreditava no que pessoas brancas diziam a seu respeito. Essa é uma das razões pelas quais ele se tornou tão santo. Tenho certeza de que seu pai lhe contou algo sobre isso. Nem você nem seu pai mostram nenhuma tendência à santidade: vocês sem dúvida *pertencem* a outra época, fruto do que aconteceu quando os negros deixaram a terra e entraram no que o falecido E. Franklin Frazier chamou de "as cidades da destruição".* Você só pode ser destruído se acreditar que realmente é aquilo que o mundo branco chama pejorativamente de *preto*. Digo isso porque te amo e, por favor, nunca se esqueça disso.

Conheço vocês dois desde sempre, carreguei seu pai nos braços e nas costas, beijei-o, dei palmadas nele e o vi aprender a andar. Não sei se você conhece alguém há tanto tempo assim; se amou alguém por tanto tempo, primeiro na infância, depois na adolescência, e finalmente na vida adulta; isso nos dá uma perspectiva estranha do tempo, da dor e do esforço humano. Outras pessoas não conseguem ver o que vejo quando olho para o rosto de seu pai, já que por trás desse rosto tal como é hoje estão também todas aquelas outras feições que já foram dele. Basta que ele sorria e vejo um porão de que seu pai não se lembra mais, uma casa de que ele igualmente não se lembra, e ouço em seu riso atual sua risada de criança. Basta que ele comece a reclamar e me lembro de seu pai caindo da escada do porão,

---

* E. Franklin Frazier, em seu livro *Black Bourgeoisie* (1955), utiliza o termo "cidades da destruição" para se referir aos bairros urbanos segregados habitados predominantemente por pessoas negras nos Estados Unidos. Esses bairros eram frequentemente marcados pela pobreza, pela desigualdade social e pela falta de oportunidades, refletindo a marginalização e a opressão enfrentadas pela comunidade negra na época. A expressão sugere a ideia de locais urbanos que, devido a vários fatores socioeconômicos complexos, contribuem para a destruição das oportunidades e da qualidade de vida de seus residentes. (N. E.)

e gritando, e me lembro, com dor, de suas lágrimas, que minha mão ou a de sua avó enxugavam rapidamente. Mas a mão de ninguém pode enxugar as lágrimas que ele derrama hoje, invisíveis, que podem ser ouvidas em seu riso, em sua fala e em suas canções. Sei o que o mundo fez com meu irmão e como foi difícil para ele sobreviver a tudo. E sei, o que é muito pior — e é este o crime de que acuso meu país e meus compatriotas, e pelo qual nem eu, nem o tempo, nem a história jamais os perdoaremos: destruíram e continuam destruindo centenas de milhares de vidas e nem se importam com isso. As pessoas podem ser, e na verdade devem se esforçar para se tornar, firmes e racionais em relação à destruição e à morte, pois é nisso que a maioria da humanidade tem se empenhado desde os primórdios. (Mas lembre-se: a *maioria* da humanidade não é *toda* a humanidade.) No entanto, não é aceitável que os autores da devastação sejam considerados inocentes. É a inocência que constitui o crime.

Então, meu querido xará, essas pessoas inocentes e bem-intencionadas, seus compatriotas, fizeram com que você nascesse em condições não muito diferentes daquelas descritas para nós por Charles Dickens na Londres de mais de cem anos atrás. (Ouço o coro dos inocentes gritando: "Não! Isso não é verdade! Como você é *amargo*!" — mas estou escrevendo esta carta para *você* a fim de tentar dizer algo sobre como lidar com *essa gente*, que ainda nem sabe que você existe. *Conheço* as condições sob as quais você nasceu, pois eu estava lá. Seus compatriotas *não*, e parece que ainda nem chegaram perto. Sua avó também estava lá, e ninguém nunca a acusou de ser amarga. Sugiro que os inocentes a consultem. Não é difícil encontrá-la. Seus compatriotas também não sabem que *ela* existe, mesmo que a vida inteira ela tenha trabalhado para eles.)

Bem, você nasceu, chegou a este mundo, há cerca de quinze anos; e, embora seu pai, sua mãe e sua avó estivessem prestando atenção nas ruas por onde o levavam, estivessem encarando as paredes para onde o carregavam e tivessem todos os motivos para ficar com o coração apertado, não ficaram. Pois você estava aqui, Grande James, batizado em minha homenagem — você era um bebê grande, eu não —, você estava aqui por uma razão: para ser amado. Para ser amado, querido, profundamente, logo de cara e para sempre, para o deixar forte em contraste a este mundo sem amor. Lembre-se disto: sei o quanto tudo parece sombrio, hoje, para você. Parecia ruim naquele dia também, sim; tremíamos. Ainda não paramos de tremer; mas, se não nos amássemos, nenhum de nós teria sobrevivido. E agora você precisa sobreviver porque nós o amamos, e pelo bem de seus filhos e dos filhos de seus filhos.

Este país inocente lhe jogou em um gueto onde, na verdade, esperava que você sucumbisse. Deixe-me explicar precisamente o que quero dizer com isso, pois o cerne da questão está aqui, assim como a raiz de meu conflito com meu país. Você nasceu onde nasceu e deu de cara com esse futuro porque era negro e *por nenhum outro motivo*. Esperava-se, portanto, que os limites de sua ambição fossem predefinidos. Você nasceu em uma sociedade que deixou claro, brutalmente, e de todas as maneiras possíveis, que você era um ser humano inútil. Não era previsto que você aspirasse à excelência: esperava-se que você abraçasse a mediocridade. Aonde quer que tenha ido, James, nesse seu curto período de tempo nesta terra, lhe disseram aonde poderia ir e o que poderia fazer (e *como* deveria fazer), onde poderia viver e com quem poderia se casar. Sei que seus compatriotas não concordam comigo sobre isso; posso ouvi-los dizer: "Você está exagerando". Eles não conhecem o Harlem, mas eu sim. E você também. Não acredite na palavra de ninguém, inclusive na minha, mas confie em sua experiência. Saiba de onde você veio. Se você sabe de onde veio, não há limite para onde poderá ir. Os detalhes e símbolos de sua vida foram construídos de propósito para fazê-lo acreditar no que pessoas brancas dizem a seu respeito. Por favor, tente não se esquecer de que a crença dessa gente — assim como as situações às quais elas o submetem — não prova sua inferioridade, mas a desumanidade e o medo delas. Por favor, tente ficar calmo, querido James, em meio à tempestade que assola sua mente juvenil hoje, em relação à realidade que está por trás das palavras "aceitação" e "integração". Não há razão para você tentar ser como os brancos e tampouco existe qualquer fundamento para a suposição descabida de que *eles* precisem *aceitá-lo*. O que é realmente terrível, meu companheiro, é que *você* precisa *aceitá-los*. E estou falando sério. Você precisa aceitá-los e aceitá-los com amor. Afinal, essas pessoas inocentes não têm outra esperança. Na verdade, elas ainda estão presas numa história que não compreendem; e, até que a compreendam, não poderão se libertar dela. Tiveram que acreditar durante muitos anos, e por inúmeras razões, que os homens negros são inferiores aos homens brancos. Muitas delas, de fato, sabem que não é bem assim, mas, como você vai descobrir, as pessoas acham muito difícil agir com base no que sabem. Agir é se comprometer, e se comprometer é estar em perigo. Neste caso, o perigo, na cabeça da maioria das pessoas brancas norte-americanas, é a perda da identidade. Tente imaginar como você se sentiria se acordasse uma manhã e encontrasse o sol brilhando e todas as estrelas reluzentes. Você ficaria assustado, porque isso está fora da ordem natural das coisas. Qualquer perturbação no universo é aterrorizante porque ataca profundamente nosso senso de realidade. Bem, o homem negro tem funcionado no mundo do homem branco como uma estrela fixa, como um pilar imóvel: e, à medida que ele se movimenta, o céu e a terra são abalados até seus alicerces. Não tenha medo. Eu disse que a intenção era que você sucumbisse no gueto, sucumbisse por nunca poder ir além das definições do homem branco, por nunca ter permissão para dizer seu próprio nome. Você, e muitos de nós, derrotaram essa imposição; e, por uma lei terrível, um paradoxo terrível, aqueles inocentes que acreditavam que sua prisão os deixaria seguros estão perdendo a noção da realidade. Mas esses homens são seus irmãos — seus irmãos perdidos, mais novos. E, se a palavra "integração" significa algo, é o seguinte: que nós, com amor, devemos obrigar nossos irmãos a se verem como são, a deixar de fugir da realidade e a começar a mudá-la. Afinal, esta é sua casa, meu amigo, e não permita que o expulsem dela; pessoas grandiosas fizeram coisas incríveis aqui, e vão fazer novamente, e podemos fazer desta terra o que uma nação deve ser. Será difícil, James, mas você vem de uma linhagem forte, de trabalhadores rurais, de pessoas que colheram algodão, represaram rios e construíram ferrovias e que, apesar das piores adversidades, alcançaram uma dignidade incontestável e monumental. Você vem de uma longa linhagem de poetas grandiosos, alguns dos maiores desde Homero. Um deles disse: *No exato momento em que pensei que estivesse perdido, minha masmorra estremeceu e minhas correntes se romperam.*

Você sabe, e eu sei, que o país está comemorando cem anos de liberdade cem anos mais cedo. Não podemos ser livres até que eles sejam livres. Deus o abençoe, James, e boa sorte.

Seu tio,
James

AO PÉ DA CRUZ:

CARTA DE UMA REGIÃO DE MINHA MENTE

Tomai o fardo do homem branco —
Não ouseis vós impedir —
Nem clamar alto à Liberdade
Para esconder o cansaço;
Pois tudo que gritar ou sussurrar,
Pois tudo que dispensar ou fazer,
Os povos silenciosos e taciturnos
Hão de mensurar vós e vosso Deus.

Kipling

Lá ao pé da cruz onde meu Salvador morreu,
Lá embaixo, para purificar meus pecados, chorei.
Lá em meu coração Teu sangue foi derramado,
Cantando glória a Teu nome!

Hino de louvor

Durante o verão em que completei catorze anos, passei por uma longa crise religiosa. Uso a palavra "religiosa" no sentido comum e arbitrário, pois foi nesse momento que descobri Deus, Seus santos e anjos, e Seu Inferno em chamas. E, como nasci em uma nação cristã, aceitei essa Deidade como a única. Eu supunha que Ele existisse apenas dentro dos muros de uma igreja — na verdade, de *nossa* igreja — e supunha também que Deus e segurança fossem sinônimos. A palavra "segurança" nos leva ao verdadeiro significado do termo "religioso" tal como o usamos. Portanto, para dizer de outra forma, de modo mais preciso, durante meu 14° ano, pela primeira vez na vida fiquei com medo — com medo do mal dentro de mim e com medo do mal fora de mim. O que via ao redor naquele verão no Harlem foi o que sempre vi; nada havia mudado. Mas agora, sem nenhum aviso, as prostitutas, os cafetões e os delinquentes na avenida haviam se tornado uma ameaça pessoal. Até então, não me ocorrera que eu poderia me tornar uma dessas pessoas, porém percebi naquele momento que havíamos sido gerados pelas mesmas circunstâncias. Muitos de meus camaradas estavam claramente indo em direção à avenida, e meu pai disse que eu também estava tomando esse rumo. Meus amigos começaram a beber e a fumar e embarcaram — a princípio ávidos, depois lamentosos — em sua vida sexual. As garotas, apenas um pouco mais velhas do que eu, que cantavam no coro ou ensinavam na escola dominical, filhas de pais ilibados, sofreram, diante de meus olhos, uma incrível metamorfose — o aspecto mais desconcertante não eram seus seios ou quadris que floresciam, mas algo mais profundo e sutil em seus olhos, em seu calor, em seu cheiro e na inflexão de sua voz. Assim como aquelas pessoas estranhas na avenida, elas se tornaram, num piscar de olhos, diferentes de um modo indescritível e *presentes* de um jeito impressionante. Por causa de minha criação, o desconforto repentino que tudo isso despertou em mim e o fato de não ter ideia do que aconteceria com minha voz, minha mente ou meu corpo fizeram com que eu me considerasse uma das pessoas mais depravadas do planeta. E não ajudava em nada a questão de que essas garotas virtuosas parecessem se deleitar com meus lapsos aterrorizados e com nossas experiências deprimentes, culpadas e atormentadas, que eram ao mesmo tempo tão frias e melancólicas quanto as estepes russas e mais quentes, de longe, do que todas as chamas do inferno.

No entanto, havia algo mais profundo do que essas mudanças, algo menos nítido, e isso me assustou. Era verdadeiro tanto para os garotos quanto para as garotas, mas, de alguma forma, era mais vívido para nós, garotos. No caso das garotas, percebíamos que se transformavam em matronas antes de se tornarem mulheres; começavam a manifestar um curioso e aterrorizante pensamento limitado. É difícil dizer exatamente como isso aparecia: algo implacável no trejeito com os lábios, alguma coisa perspicaz nos olhos (viam o quê?), certa determinação nova e irrefutável no caminhar, algo peremptório na voz. Elas não zombavam mais de nós, os garotos; agora nos repreendiam duramente, dizendo: "É melhor você cuidar de sua alma!". Elas também viam os indícios na avenida, sabiam qual seria o preço, para elas, de um passo em falso, sabiam que precisavam ser protegidas e que nós éramos a única proteção que tinham. Acreditavam que devessem agir como servas de Deus, salvando a alma dos garotos para Jesus e laçando o corpo deles no casamento. Afinal, esse era o início de nosso tempo de combustão e, segundo são Paulo — que por onde ia descrevia a si mesmo, com a mais impressionante e incomum exatidão, como um "homem miserável" —, "é melhor se casar do que ficar queimando de desejo". E passei a perceber nos garotos um desespero curioso, cauteloso e confuso, como se estivessem se preparando para o longo e difícil inverno da vida. Eu não sabia, na época, a que exatamente reagiam; pensei que estivessem se deixando levar, se soltando. Da mesma forma que as garotas estavam destinadas a ganhar peso, assim como suas mães, os garotos, era óbvio, não ficariam mais altos que seus pais. A escola começou a se revelar, portanto, como um jogo infantil que não se podia vencer; então, os garotos abandonaram os estudos e foram trabalhar. Meu pai queria que eu fizesse o mesmo. Recusei, embora já não tivesse ilusões sobre o que uma educação formal poderia fazer por mim; eu já havia encontrado muitos trabalhadores braçais com formação universitária. Meus amigos estavam agora "no centro da cidade", ocupados, como diziam, "lutando contra o homem". E então se descuidaram da aparência, da vestimenta, de suas ações, enfim; ultimamente, eram vistos em grupos de dois, três ou quatro, em alguma esquina, compartilhando uma garrafa de vinho ou de uísque, conversando, xingando, brigando, às vezes até chorando: perdidos e incapazes de expressar o que os oprimia, exceto que sabiam quem era "o homem" — o homem branco. E parecia não haver nenhuma maneira de afastar essa nuvem que ficava entre eles e o sol, entre eles e o amor, a vida e o poder, entre eles e seja lá o que quisessem da vida. Não era preciso ser inteligente demais para perceber que não havia muito a fazer para mudar a própria sorte; não era preciso ser sensível demais para chegar ao limite do esgotamento com as humilhações e os perigos incessantes e gratuitos que enfrentavam todos os dias no trabalho, o dia inteiro. A humilhação não se aplicava apenas ao ambiente de trabalho ou aos trabalhadores; eu tinha treze anos e estava atravessando a Quinta Avenida a caminho da biblioteca na rua 42, e um policial murmurou quando passei por ele: "Por que vocês, crioulos, não ficam lá em Uptown, que é seu lugar?". Certa vez, aos dez anos, e com certeza eu não parecia ser mais velho que isso, dois policiais se divertiram zombando de mim, me revistando, fazendo especulações ridículas (e aterrorizantes) sobre minha ancestralidade e minha provável proeza sexual e, só por precaução, me deixaram deitado de bruços em um terreno baldio no Harlem. Pouco antes disso e mais tarde, durante a Segunda Guerra Mundial, muitos de meus amigos se refugiaram no serviço militar, onde todos mudaram — e raramente para melhor. Vários ficaram devastados e muitos outros morreram. Alguns fugiram para outros estados e cidades — quer dizer, para outros guetos. Sem falar nos que se afundaram no vinho, no uísque ou na heroína, onde estão até hoje. E há ainda os que, como eu, fugiram para a igreja.

O preço do pecado era visível em toda parte, em todos os becos sujos de vinho e fedendo a urina, em cada sirene de ambulância, em cada cicatriz no rosto de cafetões e prostitutas, em cada bebê indefeso que nascia no meio do perigo, em cada briga de faca e revólver na avenida, e em cada comunicado de desgraça: uma prima, mãe de seis filhos, enlouqueceu de repente e as crianças foram separadas e entregues aqui e ali; uma tia inabalável teve como recompensa por anos de trabalho árduo uma morte lenta e agonizante em um quartinho imundo; o filho brilhante de alguém não suportou e atirou na própria cabeça; outro virou ladrão e foi parar na cadeia. Foi um verão de especulações e descobertas terríveis, das quais essas nem foram as piores. Por exemplo, o crime se tornou real — pela primeira vez — não como *uma* possibilidade, mas como *a* possibilidade. Ninguém conseguiria superar as condições em que vivia trabalhando e economizando moedinhas; nunca seria possível poupar o bastante, e, além disso, o tratamento social concedido até mesmo aos negros mais bem-sucedidos provava que, para ser livre, era necessário ter alguma coisa mais do que uma conta bancária. Era necessário um pé de cabra, uma alavanca, algo que inspirasse medo. Estava explícito que a polícia continuaria a nos espancar e nos prender enquanto pudesse escapar impunemente, e que todas as outras pessoas — donas de casa, taxistas, ascensoristas, gente que lava louça, garçons, advogados, juízes, médicos e donos de mercearias — nunca, pela ação de qualquer sentimento humano generoso, deixariam de usar um de nós como saco de pancadas para suas frustrações e hostilidades. Nem a razão civilizada nem o amor cristão fariam com que qualquer uma delas nos tratasse como supostamente gostariam de ser tratadas; apenas o medo de nosso poder de retaliação faria com que elas agissem assim, ou fingissem agir assim, o que era (e é) suficiente. Ao que parece, há uma grande confusão sobre esse ponto, mas não conheço muitos negros ávidos de serem "aceitos" pelos brancos, e menos ainda de serem amados por eles; pessoas negras desejam apenas não ser humilhadas e espancadas pelos brancos o tempo todo em nossa breve passagem por este planeta. Os brancos nesta terra têm muito o que aprender sobre como aceitar e amar a si mesmos e uns aos outros, e, quando conseguirem isso — o que não será amanhã e pode não ser nunca —, o problema do negro não existirá mais, já que não terá motivo.

Pessoas em situação mais privilegiada do que a que nós tínhamos, e ainda temos, no Harlem, sem dúvida acharão essa psicologia e essa visão da natureza humana extremamente sombrias e chocantes. Mas a experiência das pessoas negras no mundo branco não pode criar nelas nenhum tipo de respeito pelos padrões de acordo com os quais o mundo branco afirma viver. Sua própria condição é uma prova contundente de que nem os brancos vivem de acordo com esses padrões. Empregadas domésticas negras têm surrupiado bugigangas dos lares brancos há gerações, e os brancos se deleitam com o fato, porque isso ameniza uma leve culpa e testemunha a superioridade intrínseca deles. Mesmo o negro mais estúpido e servil dificilmente deixaria de ficar impressionado com o abismo entre sua situação e a de seus patrões; já os negros que não são nem estúpidos nem servis não sentem que estão fazendo algo errado quando roubam os brancos. Apesar da equação puritano-ianque entre virtude e bem-estar, pessoas negras têm excelentes razões para duvidar de que o dinheiro ou sua posse tenham relação direta com as virtudes cristãs; certamente não é bem assim para os cristãos negros. De qualquer forma, os brancos, que roubaram a liberdade dos negros e lucraram com esse roubo a cada hora que viveram, não tinham base moral em que se apoiar. Tinham os juízes, os júris, as espingardas, a lei — em suma, o poder. Contudo, era um poder criminoso, a ser temido, e não respeitado, e a ser ludibriado de qualquer jeito. E essas virtudes pregadas, mas não praticadas, pelo mundo branco eram apenas mais um meio de manter os negros subjugados.

Então aconteceu que, naquele verão, as barreiras morais que eu pensei que existissem entre mim e os perigos de uma carreira no crime eram tão tênues que quase não existiam. De fato, não conseguia encontrar nenhuma razão ética para não me tornar um criminoso, e não são meus pobres pais tementes a Deus que devem ser culpados por essa falta, e sim a sociedade. Estava friamente determinado — na verdade, mais determinado do que imaginava na época — a nunca ficar em paz com o gueto; preferiria morrer e ir para o inferno a deixar um homem branco cuspir em mim, a aceitar meu "lugar" nesta república. Eu não ia permitir que os brancos deste país me dissessem quem eu era, e assim me limitassem e me lapidassem. E, no entanto, é óbvio que, ao mesmo tempo, eu *estava* sendo cuspido, definido, rotulado e limitado, e poderia ter sido dilapidado sem nenhum esforço. Todo garoto negro — pelo menos os que viviam na mesma situação que eu, naquele período — que chega a esse ponto crucial percebe, imediatamente, de modo profundo, já que deseja viver, que está correndo grande perigo e deve encontrar, o mais rápido possível, uma "coisa", um dispositivo, para levantá-lo e colocá-lo em seu rumo. *E não importa qual seja esse dispositivo*. Essa última constatação me aterrorizou — ao revelar que a porta se abria para muitos perigos — e ajudou a me lançar para dentro da igreja. E, por um paradoxo imprevisível, minha carreira na igreja acabou por ser, justamente, meu dispositivo.

Quando tentei avaliar minhas habilidades, percebi que não tinha quase nenhuma. Para alcançar a vida que eu desejava, recebi, ao que me pareceu, as piores cartas possíveis.

Não poderia me tornar um lutador consagrado — muitos de nós tentamos, mas poucos conseguiram. Não sabia cantar, tampouco sabia dançar. Fui bem condicionado pelo mundo onde cresci e fui criado, por isso ainda não ousava levar a sério a ideia de me tornar escritor. A única outra possibilidade parecia ser me tornar mais uma das pessoas sórdidas da avenida, que não eram de fato tão sórdidas quanto eu imaginava, porém que me assustavam terrivelmente, tanto pelo que eu não queria viver quanto pelo que me faziam sentir ali. Tudo me atiçava e isso já era ruim o bastante, mas, como se não bastasse, eu também me tornara uma fonte de fogo e de tentação. Infelizmente, eu tinha sido muito bem educado para supor que qualquer uma das propostas explícitas feitas a mim naquele verão — às vezes por garotos e garotas, mas também, o que é mais alarmante, por homens e mulheres — tivesse algo a ver com meu poder de atração. Ao contrário, uma vez que a ideia de sedução do Harlem é, para dizer o mínimo, direta ao ponto, seja lá o que essas pessoas viram em mim apenas serviu para confirmar meu sentimento de depravação.

É realmente triste que o despertar dos sentidos leve a um julgamento tão impiedoso de si mesmo — sem falar do tempo e da angústia gastos no esforço para chegar a um julgamento diferente —, mas também é inevitável que uma proposta de literalmente mortificar a carne ocorresse entre as pessoas negras como aquelas com quem cresci. Os negros neste país — e os negros, tal como são aqui, não existem, estrita ou legalmente falando, em nenhum outro lugar — são ensinados a desprezar a si próprios desde o momento em que seus olhos se abrem para o mundo. Este mundo é branco, e eles são negros. Os brancos detêm o poder, o que significa que são superiores aos negros (intrinsecamente, isto é: Deus decretou que assim fosse), e o mundo tem inúmeras formas de tornar essa diferença conhecida, sentida e temida. Muito antes de a criança negra perceber essa diferença, e antes mesmo de poder compreendê-la, já começa a reagir a isso, começa a ser controlada por isso. Cada esforço dos mais velhos para preparar as crianças para um destino do qual não podem protegê-las faz com que, secretamente, aterrorizadas, elas comecem a esperar, sem saber por quê, seu castigo misterioso e inexorável. São ensinadas a ser "boas" não apenas para agradar a seus pais e evitar ser castigadas por eles; por trás da autoridade dos pais existe outra autoridade, sem nome e impessoal, infinitamente mais difícil de agradar e absolutamente cruel. Essa concepção é filtrada na consciência das crianças pelo tom de voz dos pais enquanto as aconselham, castigam ou acolhem; em um tom súbito e incontrolável de medo que ecoa na voz da mãe ou do pai quando as crianças se afastam de algum limite específico. Um limite que desconhecem e para o qual não encontram nenhuma explicação, o que é bastante assustador, porém ainda mais assustador é o medo que ouvem na voz dos mais velhos. O medo que ouvi na voz de meu pai, por exemplo, quando ele percebeu que eu realmente *acreditava* que poderia fazer qualquer coisa que um garoto branco, e tinha toda a intenção de provar isso, não era nada parecido com o medo que eu ouvia em sua voz quando um de nós ficava doente, caía da escada ou ia brincar muito longe de casa. Era outro medo, um medo de que a criança, ao desafiar as premissas do mundo branco, estivesse se encaminhando para a destruição. Uma criança não pode — ainda bem — saber quão vasta e impiedosa é a natureza do poder e com que crueldade inacreditável as pessoas tratam umas às outras. A criança reage ao medo na voz dos pais porque, para ela, são os pais que sustentam seu mundo, e sem eles não há proteção. Em meu caso, eu me defendia do medo a que meu pai me inspirava pensando que ele era muito antiquado. Além disso, me orgulhava de já saber como despistá-lo. Defender-se de qualquer tipo de medo é simplesmente garantir que um dia você será dominado por ele; os medos devem ser encarados. Quanto à inteligência de cada pessoa, não é verdade que alguém possa viver contando apenas com ela — quer dizer, não se deseja viver de fato. De qualquer forma, naquele verão, todos os medos com os quais fui criado, e que agora faziam parte de mim e controlavam minha visão do mundo, ergueram-se como um muro entre mim e o mundo e me levaram para a igreja.

Ao olhar para trás, tudo o que fiz parece curiosamente deliberado, embora com efeito não parecesse naquela época. Por exemplo, não me juntei à igreja da qual meu pai era fiel e na qual ele pregava. Meu melhor amigo de escola, que frequentava outra igreja, já havia "entregado sua vida ao Senhor" e estava muito ansioso pela salvação de minha alma. (Eu mesmo não estava, mas qualquer atenção humana era melhor do que nenhuma.) Em um sábado à tarde, ele me levou a sua igreja. Não houve culto naquele dia e a igreja estava vazia, exceto por algumas mulheres que faziam limpeza e outras que oravam. Meu amigo me levou até uma sala nos fundos para eu conhecer sua pastora — uma mulher. Lá estava ela sentada, de túnica e sorrindo, uma mulher extremamente orgulhosa e bonita, com a África, a Europa e a América indígena misturadas em seu rosto. Nessa época, ela devia ter 45 ou cinquenta anos e, em nosso mundo, era uma mulher muito respeitada. Meu amigo já ia me apresentá-la quando ela olhou para mim, sorriu e perguntou: "Você é o garoto de quem?". Ora, por incrível que pareça era exatamente essa frase que os cafetões e delinquentes da avenida usavam quando propunham, tanto de forma debochada quanto direta, que eu "andasse" com eles. Talvez parte do terror que eles me causavam vinha do fato de que eu, sem dúvida, queria ser o garoto de *alguém*. Eu estava tão assustado e diante de tantos dilemas que, inevitavelmente, naquele verão, *alguém* tomaria conta de mim; e, no Harlem, ninguém fica disponível na vitrine por muito tempo. Minha sorte foi — talvez — ter me encontrado na algazarra da igreja, em vez de em outra qualquer, e ter me rendido à sedução espiritual muito antes de chegar perto de ter alguma experiência carnal. Por isso, quando a pastora me perguntou, com aquele sorriso maravilhoso: "Você é o garoto de quem?", meu coração imediatamente respondeu: "Ora, da senhora".

O verão passou, e as coisas pioraram. Tornei-me mais culpado, mais assustado, e mantive tudo isso reprimido dentro de mim, e naturalmente, sem escapatória, uma noite, quando essa mulher terminou de pregar, tudo veio à tona rugindo, gritando, clamando, e despenquei no chão diante do altar. Foi a sensação mais estranha que já tive na vida — até aquele momento, ou mesmo depois. Não imaginava que aquilo fosse acontecer ou que pudesse acontecer. Num momento, eu estava lá de pé, cantando e batendo palmas e, ao mesmo tempo, elaborando mentalmente o enredo de uma peça teatral em que trabalhava; no momento seguinte, sem nenhuma transição, nenhuma sensação de queda, eu estava deitado de barriga para cima, com a luz no rosto e todos os santos, verticais, acima de mim. Eu não sabia o que estava fazendo tão ali embaixo, ou como cheguei lá. E não é possível descrever a angústia que tomou conta de mim. Era como aquelas enchentes que devastam cidades, destroem tudo, separando as crianças dos pais e os casais uns dos outros, transformando tudo em destroços irreconhecíveis. Tudo o que me lembro, de fato, é da dor, uma dor indescritível; era como se eu estivesse gritando para o céu, que não me ouvia. E, se o céu não me escutava, se o amor não podia descer do céu — para me lavar, me purificar —, então o que me esperava era o desastre total. Sim, realmente significa algo — algo indizível — ter nascido negro num país branco, anglo-teutônico e antissexual. Em pouco tempo, sem que se dê conta, você desiste de toda esperança de comunhão. Pessoas negras, principalmente, olham de um lado a outro, mas não olham umas para as outras, inclusive para você, e os brancos, de modo geral, desviam o olhar. E o universo é simplesmente um tambor ressoando; me pareceu então, e até hoje, que não havia nenhuma maneira, nenhuma mesmo, de ter uma vida digna, de amar a esposa e os filhos, nem as amizades, nem a mãe e o pai, nem de ser amado. O universo, que não é composto apenas de estrelas, lua e planetas, flores, grama e árvores, mas também por *outras pessoas*, não desenvolveu condições para que você exista, não criou um lugar para você, e, se não for o amor a se expandir, a abrir os portões, nenhum outro poder vai conseguir fazê-lo. E, se alguém perder a esperança — quem nunca? — no amor humano, só resta o amor de Deus. Mas Deus — e eu senti isso naquela época, há muito tempo, naquele chão imenso, sem querer — é branco. E, se não existe amor maior que o Seu, e se Ele ama todas as criaturas, todos os Seus filhos, por que nós, pessoas negras, fomos jogadas num buraco tão fundo? Por quê? Apesar de tudo o que eu possa ter dito depois, não encontrei nenhuma resposta no chão — pelo menos não *aquela* resposta — e fiquei ali, no chão, a noite toda. Acima de mim, para me fazer "enfrentar aquilo", os santos cantaram, se regozijaram e oraram. E pela manhã, quando me levantaram, disseram que eu estava "salvo".

Bem, de certa forma, sim, pois estava totalmente exausto e esgotado e, pela primeira vez, liberto de todo o meu sentimento de culpa. Naquele momento, eu só tinha consciência de meu alívio. Durante muitos anos, não conseguia entender por que o alívio humano precisava ser conquistado de um modo ao mesmo tempo tão pagão e tão desesperado — um modo ao mesmo tempo indescritivelmente antigo e indizivelmente novo. E quando fui capaz de refletir sobre isso, também pude ver que os princípios que regem os ritos e costumes das igrejas em que cresci não diferiam daqueles que regem os ritos e costumes de outras igrejas, igrejas brancas. Os princípios eram Cegueira, Solidão e Terror, sendo o primeiro necessário e ativamente cultivado para negar os outros dois. Adoraria acreditar que os princípios fossem Fé, Esperança e Caridade, mas é evidente que não é assim para a maioria dos cristãos, ou para o que chamamos de mundo cristão.

Eu fui salvo. Mas, ao mesmo tempo, devido a uma sagacidade profunda e adolescente que não pretendo compreender, percebi imediatamente que não poderia permanecer na igreja como um mero fiel. Precisaria ter alguma atividade, para não ficar entediado em meio aos desventurados não salvos da avenida. Além disso, sem dúvida eu pretendia superar meu pai em seu próprio solo. De qualquer forma, pouco depois de me juntar à igreja, tornei-me pregador — um jovem pastor — e permaneci no púlpito por mais de três anos. Minha juventude rapidamente fez de mim um cartão de visita muito melhor do que meu pai. Aproveitei-me sem piedade dessa vantagem, pois esse era o caminho mais eficaz que encontrei para quebrar o domínio que ele tinha sobre mim. Aquela foi a época mais assustadora de minha vida, e também a mais desonesta, e a histeria que restou se transformou em meus sermões apaixonados — por um tempo. Apreciei a atenção e a relativa imunidade à punição proporcionadas por meu novo status e apreciei, acima de tudo, meu repentino direito à privacidade. Afinal, era preciso reconhecer que eu ainda era um estudante, tinha deveres escolares, e era esperado que eu preparasse pelo menos um sermão por semana. Durante o que podemos chamar de meu apogeu, preguei com muito mais frequência. De modo que eu não poderia ser interrompido por horas e até por dias inteiros — nem mesmo por meu pai. Eu o havia imobilizado. Demorei um pouco mais para perceber que eu também estava imobilizado e no fim das contas não tinha escapado de nada.

A igreja era extremamente estimulante. Levei muito tempo para me libertar dessa excitação e, no nível mais estrito e visceral, nunca de fato consegui e acho que nunca conseguirei. Não existe música como a da igreja nem drama como o dos santos se regozijando, dos pecadores em lamento, da percussão e de todas as vozes em coro louvando e clamando ao Senhor. Ainda não existe, para mim, nenhum páthos como o daqueles rostos multicoloridos, extenuados, mas de alguma forma triunfantes e transfigurados, vindo das entranhas de um desespero visível, tangível e ininterrupto para louvar a bondade do Senhor. Nunca vi nada igual ao fogo e ao entusiasmo que às vezes, sem aviso prévio, preenche uma igreja, fazendo com que toda a congregação, como o músico Leadbelly e tantas outras pessoas testemunharam, realmente "balançasse". Nada do que aconteceu comigo depois disso se compara ao poder e à glória que às vezes sentia quando, no meio de um sermão, sabia que de alguma maneira, por algum milagre, estava de fato transmitindo, como diziam, "a Palavra" — quando os fiéis e eu éramos uma só carne. Suas dores e alegrias eram minhas, assim como as minhas eram deles — eles entregavam suas dores e alegrias a mim e eu oferecia minhas dores e alegrias a eles — e seus gritos de "Amém!" e "Aleluia!" e "Sim, Senhor!" e "Louvado seja Seu nome!" e "Pregai, irmão!" sustentavam e inflamavam meus solos até que todos nos tornássemos iguais, banhados em suor, cantando e dançando, em angústia e júbilo, ao pé do altar. Durante muito tempo, apesar da mesquinhez de meus motivos — ou, de um modo inconcebível, por isso mesmo —, ali estava meu único interesse na vida. Corria da escola para casa, e enfim para a igreja, para o altar, e ficava sozinho lá, comungando com Jesus, meu querido Amigo, que nunca me decepcionaria, que conhecia todos os segredos de meu coração. Essa onisciência que talvez Ele tivesse, e eu não, combinamos, ao pé da cruz, que Ele nunca me deixaria descobrir.

Ele falhou em Sua parte do acordo. Era um Homem muito melhor do que eu pensava. Aconteceu, como as coisas acontecem, sem alarde e de diversas maneiras ao mesmo tempo. Presumo que a data em que isso ocorreu — o lento desmoronamento de minha fé, a pulverização de minha fortaleza — tenha sido cerca de um ano depois de eu ter começado a pregar, mais exatamente quando voltei a ler. Justifiquei esse desejo pelo fato de ainda estar na escola, quando comecei, fatalmente, com Dostoiévski. Nessa época, eu frequentava uma escola de maioria judaica. Ou seja, eu era rodeado por pessoas que, por definição, estavam além de qualquer esperança de salvação; elas riam dos tratados e panfletos que eu levava e ressaltavam que os Evangelhos tinham sido escritos muito depois da morte de Cristo. Isso poderia não ter sido tão angustiante se eu não tivesse me forçado a ler eu mesmo os tratados e folhetos, pois eles eram de fato, a menos que já se acreditasse em suas mensagens, inacreditáveis. Lembro-me da vaga sensação de que havia uma espécie de chantagem ali. As pessoas, eu sentia, deveriam amar o Senhor *porque* O amavam, e não porque tinham medo de ir para o inferno. Fui forçado, com relutância, a perceber que a própria Bíblia havia sido escrita por homens e traduzida também por homens cujas línguas eu não entendia, e eu já estava, mesmo sem admitir para mim mesmo, terrivelmente envolvido na labuta de concatenar ideias no papel, o que era um tremendo esforço. Para isso, eu certamente tinha a resposta pronta: todos esses homens escreveram sob inspiração divina. Mas será *mesmo*? *Todos* eles? E nessa altura eu também já conhecia, infelizmente, muito mais sobre a inspiração divina do que ousava admitir; afinal, sabia como lidava com minhas próprias visões, e com que frequência — na verdade, incessantemente —, as visões que Deus me concedeu eram diferentes das visões que Ele havia concedido a meu pai. Eu não compreendia os sonhos que tinha à noite, mas sabia que não eram sagrados. Aliás, eu sabia que minhas horas de vigília estavam longe de ser sagradas. Eu passava a maior parte do tempo em estado de arrependimento por coisas que desejava vividamente fazer, mas não havia feito. O fato de conviver com pessoas judias trouxe de volta para o centro de minha mente toda a questão de cor e raça que eu vinha desesperadamente evitando. Percebi que a Bíblia havia sido escrita por homens brancos. Sabia que, segundo muitos cristãos, eu era descendente de Cam, que foi amaldiçoado, e, portanto, eu estava predestinado a ser escravizado. Isso não tinha nada a ver com algo que eu era, ou tivesse em mim, ou que pudesse me tornar; meu destino estava selado para sempre, desde o início dos tempos. Ao olhar para a cristandade, parecia que de fato era nisso em que seus adeptos acreditavam — e sem dúvida era a forma como se comportavam. Lembrei-me dos padres e bispos italianos abençoando rapazes italianos que estavam indo para a Etiópia.

Outro aspecto perturbador de estar entre os rapazes judeus na escola era que eu não conseguia encontrar nenhum ponto de ligação entre eles e os agiotas e os donos de estabelecimentos grandes ou de pequenas mercearias do Harlem. Eu sabia que essas pessoas eram judias — só Deus sabe o quanto me repetiam isso —, mas pensava neles apenas como brancos. Os judeus, eu imaginava até chegar ao ensino médio, estavam todos confinados no Antigo Testamento, e seus nomes eram Abraão, Moisés, Daniel, Ezequiel e também Jó, e Sadraque, Mesaque e Abede-Nego. Foi desnorteante encontrá-los a tantos quilômetros e a tantos séculos do Egito e tão longe da fornalha ardente. Meu melhor amigo no colégio era judeu. Ele veio a nossa casa uma vez, e depois meu pai perguntou, como fazia com todo mundo: "Ele é cristão?" — como quem diz: "Ele está salvo?". Na verdade, não sei se minha resposta veio de inocência ou de malevolência, mas respondi friamente: "Não. Ele é judeu". Meu pai me deu um tapa no rosto com sua enorme palma da mão e, naquele momento, tudo voltou à tona — todo o ódio e todo o medo, e a determinação profunda e impiedosa de matar meu pai em vez de permitir que ele me matasse —, e eu sabia que todos aqueles sermões e lágrimas e todo aquele arrependimento e júbilo não tinham mudado nada. Perguntei-me se era justo que eu ficasse feliz se um amigo meu, ou qualquer pessoa, fosse condenado para sempre ao inferno, e pensei também, de repente, nos judeus de outra nação cristã, a Alemanha. Afinal, eles não estavam tão longe da fornalha ardente, e meu melhor amigo poderia ser um deles. Disse a meu pai: "Ele é um cristão melhor do que o senhor", e saí de casa. A batalha entre nós foi aberta, mas tudo bem; era quase um alívio. Uma luta, mais mortal, havia começado.

Subir no púlpito era como subir no palco de um teatro; eu estava nos bastidores e sabia como a ilusão funcionava. Conhecia os outros pastores e conhecia a vida que levavam. E não quero sugerir com isso o tipo de hipocrisia de Elmer Gantry* em relação à sensualidade; era uma hipocrisia mais profunda, mortal e sutil do que isso, e uma sensualidade um pouco — ou muito — honesta teria sido como água no deserto. Eu sabia o que fazer em uma congregação até que entregassem o último centavo — o que não era muito difícil —, e sabia para onde ia o dinheiro da "obra do Senhor". Sabia inclusive, mesmo sem querer saber, que não tinha respeito pelas pessoas com quem trabalhava; não poderia dizer isso naquela época. Sabia também que, se con-

---

* Referência ao protagonista do romance *Elmer Gantry*, de Sinclair Lewis, publicado em 1927. Na narrativa, Gantry é um vendedor carismático e oportunista que se torna um pregador evangélico. O personagem é um homem hipócrita e manipulador, que usa a religião para ganho pessoal e acúmulo de poder. O livro foi adaptado para o cinema em 1960 e lançado no Brasil com o título *Entre Deus e o pecado*. (N. E.)

tinuasse ali, em breve eu não teria respeito por mim mesmo. Além disso, o fato de eu ser "o jovem irmão Baldwin" aumentou meu valor junto aos mesmos cafetões e delinquentes que de certa forma me empurraram para dentro da igreja. Eles ainda viam em mim o garoto que queriam proteger. Ainda esperavam que eu recuperasse o juízo e percebesse que estava em um negócio muito lucrativo. Sabiam que eu ainda não tinha me dado conta disso, assim como ainda não suspeitava aonde minhas necessidades, *quando surgissem*, poderiam me levar (de fato, eles eram muito pacientes). Sabiam como as coisas funcionavam e que as probabilidades estavam a seu favor. E, na verdade, até eu sabia. Estava ainda mais solitário e vulnerável do que antes. E o sangue do Cordeiro não havia me purificado em nada. Eu era tão negro quanto no dia em que nasci. Portanto, quando enfrentei uma congregação, precisei de todas as forças que eu tinha, e que ela exigia, para não gaguejar, não praguejar, não lhes dizer para jogar fora a Bíblia, para se levantar e ir para casa organizar, por exemplo, uma greve contra o aumento dos aluguéis. Quando observei todas as crianças, seus rostinhos em vários tons de negro, me olhando atentamente enquanto eu ensinava na escola dominical, senti que cometia um crime ao falar sobre um Jesus manso, dizendo que deviam aceitar uma vida de desgraça na terra para alcançar a glória da vida eterna. Somente as pessoas negras alcançariam a glória? Então o céu seria só mais um gueto? Talvez eu pudesse me reconciliar com essa ideia se tivesse sido capaz de acreditar que havia alguma bondade ou amor no refúgio que eu representava. Mas estava no púlpito havia muito tempo e tinha visto várias coisas monstruosas. Não me refiro apenas ao fato flagrante de que um pastor acaba por adquirir casas e Cadillacs enquanto os fiéis continuam a esfregar o chão e a ofertar dinheiro para o Senhor. O que realmente quero dizer é que não havia amor na igreja. Era uma máscara para o ódio, o auto-ódio e o desespero. O poder transfigurador do Espírito Santo terminava junto com o culto, e a salvação se encerrava na porta da igreja. Quando nos ensinaram a amar todas as pessoas, pensei que isso significava *todo mundo*. Mas não. Era restrito apenas àqueles que tinham as mesmas crenças que nós, e não incluía de modo algum as pessoas brancas. Um pastor me disse, por exemplo, que eu nunca deveria, em um transporte público, sob nenhuma circunstância, me levantar e ceder o assento a uma mulher branca. Os homens brancos nunca se levantaram para as mulheres negras. Bem, no geral isso era verdade — eu compreendia o que queria dizer. Mas qual era o sentido, o propósito de *minha* salvação se ela não me permitia agir com amor em relação aos outros, independentemente de como agiam comigo? O que os outros faziam era responsabilidade deles, e a isso responderiam quando a trombeta do julgamento tocasse. Mas o que *eu* fazia era *minha* responsabilidade, e eu também seria julgado — a não ser, naturalmente, que também houvesse no céu uma dispensa especial para pessoas negras ignorantes, que não deveriam ser julgadas da mesma forma que outros seres humanos, ou anjos. Provavelmente, nessa época, ocorreu-me que a visão que as pessoas têm do mundo por vir é apenas um reflexo, com distorções previsíveis e desejadas, do mundo em que vivem. E isso não se aplicava apenas aos negros, que não eram mais "simples", "espontâneos" ou "cristãos" que qualquer outra pessoa — eram apenas mais oprimidos. Assim como, para os brancos, éramos descendentes de Cam e, portanto, estávamos amaldiçoados para sempre, para nós os brancos eram descendentes de Caim. E a paixão com que amávamos o Senhor era a régua que media a intensidade de nosso temor e desconfiança e, no fim das contas, sempre odiávamos quase todos os estranhos, e evitávamos e desprezávamos a nós mesmos.

Mas não é só isso, as coisas não são tão simples quanto parecem. Apesar de tudo, havia naquela vida de que eu tentava fugir uma vivacidade, uma alegria e uma capacidade de enfrentar e sobreviver a desastres que são comoventes e muito raras. Talvez todos estivéssemos — cafetões, prostitutas, delinquentes, membros da igreja e crianças — unidos pela natureza de nossa opressão, pelo conjunto específico e peculiar de riscos que precisávamos correr; assim, dentro desses limites, às vezes alcançávamos um com o outro uma liberdade próxima do amor. Lembro-me, por exemplo, de jantares e passeios promovidos pela igreja e, mais tarde, depois que saí de lá, de encontros e reuniões em que a raiva e a tristeza permaneciam nas brumas sem se agitar, e então comíamos, bebíamos, ríamos, dançávamos, jogávamos conversa fora e esquecíamos tudo sobre "aquela gente". Tínhamos bebida, frango, música e uns aos outros, não precisávamos fingir ser o que não éramos. Essa é a liberdade que se ouve em algumas canções gospel, por exemplo, e no jazz. Em todo tipo de jazz, especialmente no blues, há algo ácido e irônico, autoritário e ambíguo. Os brancos norte-americanos parecem sentir que canções felizes são *felizes* e canções tristes são *tristes*, e, Deus nos acuda, é exatamente assim que a maioria dos brancos norte-americanos canta — soando, em ambos os casos, tão desamparados e indefesos que nem sequer ousamos especular sobre a região tão gélida de onde suas pequenas vozes destemidas e assexuadas são emitidas. Somente as pessoas que estão "no fim da linha", como diz a canção, sabem do que trata a música. Acho que era Big Bill Broonzy quem cantava "I Feel So Good", uma canção muito alegre sobre um homem rumo à estação de trem para encontrar sua namorada, que está voltando para casa. A interpretação é tão exuberante e comovente que realmente conseguimos sentir como deve ter sido difícil passar aquele tempo todo sem ela. E não há garantia de que desta vez ela ficará, como o cantor também nos deixa perceber, e, na verdade, ela ainda não chegou. Esta noite, ou amanhã, ou nos próximos cinco minutos, ele poderá cantar "Sozinho em meu quarto" ou ainda insistir: "Vamos, meu bem, vamos resolver tudo? Tudo bem, se não for hoje, pode ser amanhã à noite". Os brancos norte-americanos não compreendem as profundezas de onde provém essa tenacidade irônica, mas suspeitam que seja uma força sensual, e, como têm pavor da sensualidade, não podem compreender. A palavra "sensual" não pretende pintar e transparecer imagens de "mulatas" palpitantes ou "negrões" viris. Refiro-me a algo bastante natural e muito menos extravagante. Ser sensual, penso, é respeitar e aproveitar a força da vida, da vida como ela é, e estar *presente* em tudo o que se faz, desde o ato de amar até o de cortar um pão. Aliás, será um grande avanço para os Estados Unidos quando voltarmos a comer pão em vez dessa ultrajante e insípida espuma de borracha que comemos hoje e chamamos de pão. E não estou sendo leviano quando digo essas coisas. Algo muito sinistro acontece com o povo de um país quando as pessoas começam a desconfiar de modo tão profundo de suas próprias reações, como aqui, e se tornam tão infelizes como agora. É essa incerteza individual que assola parte dos brancos americanos, homens e mulheres, essa incapacidade de se renovar na própria fonte de suas vidas, é isso que torna extremamente difícil a discussão, e ainda mais a compreensão, de qualquer enigma — quer dizer, de qualquer realidade. A pessoa que desconfia de si não tem um termo de comparação com a realidade — pois esse termo só pode ser ela mesma. Pessoas assim interpõem entre si e a realidade nada menos que um labirinto de atitudes. E, além disso, essas atitudes são históricas e públicas, muito embora as pessoas frequentemente não tenham consciência disso (e de tantas outras coisas!). Elas não só não se relacionam mais com o presente como tampouco se relacionam com os indivíduos. Portanto, tudo aquilo que as pessoas brancas não sabem sobre as negras revela, de forma precisa e inexorável, o que não sabem sobre si próprias.

Os cristãos brancos também esqueceram diversos detalhes históricos elementares. Esqueceram que a religião que hoje é identificada com sua virtude e seu poder — "Deus está do nosso lado", como diz o dr. Verwoerd — surgiu de um pedaço de terra rochosa no que atualmente é conhecido como Oriente Médio, antes que a ideia de cor fosse inventada, e que, para que a igreja cristã se estabelecesse, Cristo teve que ser morto e crucificado por Roma, e que o verdadeiro arquiteto da igreja cristã não foi o hebreu desonrado e queimado pelo sol que lhe deu o nome, mas o presunçoso e fanático são Paulo. A energia que foi soterrada com a ascensão das nações cristãs precisa voltar ao mundo; nada pode impedir esse fato. Muitos de nós, penso, ansiamos por ver isso acontecer, ao mesmo tempo que nos aterrorizamos com essa possibilidade — pois, embora essa transformação contenha a esperança de libertação, ela também impõe a necessidade de uma grande mudança. Mas, para despertar essa energia inexplorada e adormecida dos que foram anteriormente subjugados, para sobreviver como uma força humana, moral e atuante no mundo, os Estados Unidos e todas as nações ocidentais precisarão ser forçados a se reexaminar e a se libertar de muitas coisas consideradas sagradas, e a abandonar quase todas as suposições que têm sido usadas para justificar suas vidas, sua angústia e os crimes praticados durante tanto tempo.

"O paraíso do homem branco é o inferno do negro", cantava um sacerdote negro muçulmano. Pode-se objetar — possivelmente — que isso levanta a questão de forma demasiado simples, porém a canção é verdadeira, e é verdadeira desde que os homens brancos governam o mundo. Os africanos levantam a questão de outra forma: quando o homem branco veio para a África, eles tinham a Bíblia, e os africanos tinham a terra, mas agora é o homem branco que vem sendo, de modo relutante e sangrento, separado da terra, e o africano é quem ainda tenta digerir ou vomitar a Bíblia. A luta, portanto, que começa agora no mundo é extremamente complexa e envolve o papel histórico do cristianismo no domínio do poder — isto é, na política — e no domínio da moral. No que tange ao poder, o cristianismo tem operado com arrogância e crueldade absolutas — o que se justifica, já que no geral uma religião impõe a quem descobriu a fé verdadeira o dever espiritual de libertar os infiéis. Além disso, essa fé verdadeira se preocupa mais profundamente com a alma do que com o corpo, e esse fato pode ser testemunhado pela carne (e pelos cadáveres) de incontáveis infiéis. Não é necessário dizer, então, que aqueles que questionam a autoridade da fé verdadeira também contestam o direito das nações que defendem essa fé de governá-los — contestam, em suma, o direito de sua terra. A propagação do Evangelho, independentemente dos motivos ou da integridade ou do heroísmo de alguns dos missionários, foi uma justificativa indispensável para o hasteamento de sua bandeira. Padres, freiras e professores ajudaram a proteger e santificar o poder que estava sendo tão cruelmente imposto por pessoas que buscavam uma cidade, ainda que não fosse uma cidade celestial, e sim uma cidade a ser construída, sem dúvida, por mãos de escravizados. A própria igreja cristã — e é importante ressaltar novamente, diferente de alguns de seus pastores — santificou e regozijou-se com as conquistas da bandeira nacional e, se não formulou, encorajou a crença de que a conquista, com o consequente bem-estar relativo das populações do Ocidente, era prova da vontade de Deus. Deus percorreu um longo caminho desde o deserto — mas Alá também fez sua caminhada, embora em uma direção muito distinta. Deus foi para o norte e, ao ascender nas asas do poder, tornou-se branco; já Alá, destituído de poder e do lado escuro do Céu, tornou-se negro — pelo menos para todos os efeitos práticos. Assim, no domínio da moral, o papel do cristianismo tem sido, na melhor das hipóteses, ambivalente. Mesmo deixando de lado a notável arrogância que presumia que os costumes e a moral dos outros povos fossem inferiores aos dos cristãos e que, portanto, tinham todo o direito e poderiam usar quaisquer meios para mudá-los, a colisão entre culturas — e a esquizofrenia característica da mentalidade cristã — tornou o domínio da moral tão traiçoeiro como o mar já foi, e como ainda é. Não é exagero dizer que quem deseja tornar-se um ser humano verdadeiramente moral (e não adianta perguntar se isso é possível ou não; penso que devemos *acreditar* que sim) deve primeiro divorciar-se de todas as proibições, crimes e hipocrisias da igreja cristã. Se o conceito de Deus tem alguma validade ou utilidade, só pode ser para nos tornar melhores, mais livres e mais amorosos. Se Deus não tem esse poder, então é hora de nos livrarmos d'Ele.

Bem antes de conhecê-lo, ouvi falar muito do honorável Elijah Muhammad e do movimento Nação do Islã, do qual ele é o líder. Prestei pouca atenção ao que ouvi, porque o conteúdo de sua mensagem não me pareceu muito original; durante toda a minha vida ouvi variações daquilo. Às vezes eu estava no Harlem nas noites de sábado, na rua 125 com a Sétima Avenida, e junto com uma multidão escutava os oradores muçulmanos. Mas eu já tinha acompanhado centenas de discursos desse tipo — ou assim me pareceu a princípio. De qualquer forma, há muito tempo tenho uma tendência muito específica de me desligar quando chego perto de um púlpito ou de um palanque. O que esses homens diziam sobre os brancos eu já escutara muitas vezes. E eu rejeitava a exigência da Nação do Islã de uma economia paralela e separatista nos Estados Unidos, o que também já tinha ouvido antes, como um disparate intencional e até malicioso. Depois, duas coisas me fizeram prestar atenção nos discursos, e uma delas foi o comportamento da polícia. Afinal, eu já tinha visto homens serem arrastados daquelas mesmas plataformas nessa mesma esquina por dizerem coisas menos virulentas, e tinha visto também turbas sem fim serem dispersadas por policiais, com cassetetes ou a cavalo. No entanto, os policiais não estavam fazendo nada agora. Obviamente, não é porque se tornaram mais humanos, mas porque seguiam ordens e porque tinham medo. E de fato tinham, o que me deixou contente. Lá estavam eles, em grupos de dois, três e quatro, em farda de escoteiro e com rosto de escoteiro, totalmente despreparados, como é o caso dos homens brancos americanos para qualquer coisa que não possa ser resolvida na base do porrete, dos punhos ou de uma arma. Poderia sentir pena desses homens, se não tivesse eu mesmo sido o alvo deles com tanta frequência e se não tivesse descoberto, através de experiências horríveis, como *eles* eram quando detinham o poder e como eram quando *os outros* detinham o poder. O comportamento da multidão, em sua intensidade silenciosa, foi outra coisa que me obrigou a reavaliar os oradores e sua mensagem. Às vezes penso, com desespero, que os americanos vão engolir absolutamente qualquer tipo de discurso político — e não temos feito muito além disso nestes últimos e terríveis anos —, e por isso o senso de integridade desses discursos pode não significar nada. Depois do que o Harlem passou na mão de pregadores demagogos, seria de surpreender se caísse nesse tipo de discurso novamente. Ainda assim, os oradores tinham um ar de total dedicação, e as pessoas olhavam para eles com uma espécie de inteligência cheia de esperança no rosto — não como se estivessem sendo consolados ou entorpecidos, mas como se estivessem sendo despertados.

O poder era o tema central dos discursos que ouvi. A doutrina da Nação do Islã nos oferecia a prova histórica e divina de que todas as pessoas brancas são amaldiçoadas e demoníacas, e estão prestes a ser derrubadas. Isso foi revelado pelo próprio Alá a Seu profeta, o honorável Elijah Muhammad. O governo do homem branco terminará para sempre dentro de dez ou quinze anos (e cabe admitir que todos os sinais atuais parecem comprovar a exatidão da declaração do profeta). A multidão parecia engolir essa teologia sem esforço — todas as multidões engolem teologia dessa forma, suponho, em ambos os lados de Jerusalém, de Istambul a Roma —, e, no que diz respeito à teologia, essa não era mais indigesta do que aquela teologia familiar sobre a maldição dos filhos de Cam. Nada mais, nada menos que isso, e foi projetada para o mesmo propósito; ou seja, a santificação do poder. Mas gastaram pouco tempo com a teologia, pois não era necessário provar ao público do Harlem que todos os homens brancos eram demoníacos. Estavam apenas felizes por ter, finalmente, a confirmação divina de sua experiência, por ouvir — e foi uma coisa tremenda de ouvir — que haviam sido enganados durante todos esses anos e gerações, que o cativeiro estava com os dias contados e que Deus era negro. Por que as pessoas estavam dando atenção a esse discurso agora, já que não era a primeira vez que o ouviam? Eu já o escutara muitas vezes, de vários profetas, ao longo de toda a minha juventude. O próprio Elijah Muhammad transmite essa mesma mensagem há mais de trinta anos; ele não se tornou uma sensação da noite para o dia, e devemos seu ministério, segundo me disseram, ao fato de que, quando ele tinha uns seis anos, seu pai foi linchado diante dele. (Isso em nome dos direitos nacionais.) E agora, de repente, pessoas que nunca pararam para ouvir sua mensagem passam não só a ouvi-la, mas a acreditar e se transformar por conta dela. Elijah Muhammad foi capaz de fazer o que gerações de assistentes sociais, comitês, resoluções, relatórios, conjuntos habitacionais e parques infantis não conseguiram: curar e recuperar alcoólatras e adictos, resgatar pessoas que estiveram encarceradas e evitar que voltassem à cadeia, tornar homens castos e mulheres virtuosas, e revestir homens e mulheres de um orgulho e uma serenidade que pairam sobre eles como uma luz infalível. Esse profeta fez todas essas coisas que a igreja cristã falhou espetacularmente em fazer. Como Elijah conseguiu isso?

Bem, não desejo minimizar seu importante papel e sua importante realização, mas de certa forma não foi ele quem fez isso, e sim o tempo. O tempo acompanha os reinados e os esmaga, enfia os dentes nas doutrinas e as despedaça; o tempo revela os alicerces sobre os quais qualquer reinado repousa e os corrói, e destrói doutrinas ao provar que são falsas. Naqueles dias, não muito tempo atrás, quando os padres daquela igreja sediada em Roma deram a bênção de Deus aos rapazes italianos enviados para devastar um país negro indefeso — que até aquele momento, aliás, não se considerava negro —, não era possível acreditar em um Deus negro. Aceitar tal crença teria sido aceitar uma loucura. No entanto, o tempo passou e, nesse período, o mundo cristão se revelou moralmente falido e politicamente instável. Os tunisianos tinham toda a razão quando em 1956 — e foi um momento muito significativo na história ocidental (e africana) — contrapuseram a justificativa francesa de permanecer no Norte da África com a pergunta "Será que os *franceses* estão prontos para governar o próprio país?". Mais uma vez, os termos "civilizado" e "cristão" começaram a soar muito estranhos, especialmente aos ouvidos daqueles que não eram considerados nem civilizados nem cristãos quando uma nação cristã se rende a uma orgia suja e violenta, como fez a Alemanha durante o Terceiro Reich. Pelo crime de seus antepassados, milhões de pessoas em pleno século xx e no centro da Europa — a cidadela de

Deus — foram enviadas para uma morte tão calculada, tão hedionda e tão prolongada que nenhuma época antes desta, iluminada, foi capaz de imaginar, muito menos realizar e registrar. Além disso, aqueles que estão sob o calcanhar do Ocidente, ao contrário dos que estão no Ocidente, têm consciência de que o atual papel da Alemanha na Europa é atuar como um baluarte contra as hordas "não civilizadas", e uma vez que é o poder o que os desfavorecidos desejam, eles compreendem muito bem o que nós, ocidentais, queremos manter, e não se iludiam com essa nossa conversa sobre liberdade a qual, na verdade, nunca estivemos dispostos a partilhar com os outros. A meu ver, a existência do Terceiro Reich por si só torna obsoleta qualquer noção da superioridade cristã, exceto em termos tecnológicos. Até as pessoas brancas ficaram, e estão, impressionadas com o holocausto levado a cabo pela Alemanha, como se não soubessem que poderiam agir dessa maneira. Mas duvido muito que pessoas negras tenham se surpreendido — pelo menos não da mesma forma. De minha parte, a desgraça dos judeus e a indiferença do mundo em relação a isso me assustaram bastante. Não pude deixar de sentir, naqueles anos dolorosos, que essa indiferença humana, sobre a qual eu já sabia tanto, seria meu quinhão no dia em que os Estados Unidos decidissem assassinar sistematicamente os negros do país, em vez de aos poucos e de improviso, pegando quem pudesse. É evidente que eu acreditava que o que havia acontecido aos judeus na Alemanha não poderia acontecer aos negros nos Estados Unidos, mas não pude deixar de pensar, desolado, que os judeus alemães provavelmente consideraram conselhos semelhantes, e, mais uma vez, eu não conseguia compartilhar a visão que o homem branco tem de si mesmo, pela simples razão de que, neste país, os homens brancos não tratam os homens negros da mesma forma que tratam uns aos outros. Quando um homem branco enfrenta um homem negro, especialmente se o negro estiver indefeso, coisas terríveis são reveladas. Eu sei disso. Fui carregado para porões de delegacias com bastante frequência e vi, ouvi e suportei os segredos de gente branca desesperada, que sabiam estar seguros comigo, porque, mesmo que eu contasse, ninguém acreditaria em mim. E não acreditariam em mim precisamente porque saberiam que eu falaria a verdade.

O tratamento dispensado aos negros durante a Segunda Guerra Mundial marca, para mim, um momento crucial na relação das pessoas negras com os Estados Unidos. Para dizer de forma breve e um tanto simples, certa esperança morreu e o respeito pelos brancos americanos desapareceu. Passamos a ter piedade deles ou a odiá-los. Para isso, é preciso se colocar na pele de um homem que veste a farda de seu país e se candidata à morte em sua defesa e que é chamado de "crioulo" por seus camaradas de armas e seus oficiais; a quem quase sempre é dado os piores trabalhos, mais difíceis e mais servis; que sabe que o soldado branco informou aos europeus que ele é subumano (isto é, para a segurança sexual do macho americano); que não pode dançar na USO* nas noites em que os soldados brancos dançam

---

* A United Service Organizations (USO), fundada em 1941 nos Estados Unidos, é uma organização sem fins lucrativos que fornece programas,

nem beber nos mesmos bares onde os soldados brancos bebem; e que observa os prisioneiros de guerra alemães serem tratados pelos americanos com mais dignidade do que jamais recebeu deles. E que, ao mesmo tempo, como ser humano, é muito mais livre em uma terra estranha do que jamais se sentiu em sua própria pátria. *Pátria!* Até a palavra começa a ter um tom desesperador e diabólico. É preciso considerar o que acontece com esse cidadão, depois de tudo o que ele suportou, quando ele volta para sua pátria: sua busca incessante e solitária por um emprego, um lugar para morar; anda em ônibus segregados por ter a pele negra; vê com olhos estupefatos as placas dizendo "Brancos" e "Negros", e principalmente as placas que dizem "Senhoras Brancas" e "Mulheres de Cor"; que precisa olhar nos olhos da esposa; encarar os olhos dos filhos; escutar, com os ouvidos em choque, os discursos políticos sobre Norte e Sul; que se vê o tempo todo aconselhado a "esperar". E tudo isso acontece no país mais rico e livre do mundo, e em pleno século xx. A sutil e mortal mudança de mentalidade que poderia ocorrer em você seria a compreensão de que uma civilização não é destruída por pessoas más; não é necessário que as pessoas sejam más, apenas que tenham menos coragem. Eu e dois colegas negros, todos nós com bem mais de trinta anos, estávamos no bar do aeroporto O'Hare de Chicago há alguns meses, e o garçom recusou-se a nos servir, porque, disse ele, parecíamos muito jovens. Foi neces-

---

serviços e entretenimento para membros do serviço militar do país e suas famílias. (N. E.)

sária muita paciência para não ir para cima do sujeito, e muita insistência e alguma sorte para que o gerente viesse até nós, apenas para defender o garçom alegando que ele era "novato" e provavelmente ainda não tinha aprendido a distinguir um garoto negro menor de idade de um "garoto" negro de 37 anos. Bem, enfim fomos atendidos, naturalmente, mas a essa altura nem uma garrafa inteira de uísque escocês teria nos ajudado. O bar estava lotado e nossa discussão foi muito barulhenta; nenhum cliente do bar fez nada para nos ajudar. Quando tudo acabou, nós três ainda estávamos no bar, tremendo de raiva e frustração, bebendo — e presos ali, no aeroporto, porque havíamos chegado mais cedo justamente para tomar alguns drinques e comer —, um jovem branco parado perto de nós perguntou se éramos estudantes. Suponho que ele deva ter pensado que essa era a única explicação possível para entrarmos numa briga. Respondi que, como ele não quis falar conosco antes, também não queríamos falar com ele naquele momento. A resposta visivelmente o magoou, e isso, por sua vez, fez com que eu o desprezasse. No entanto, quando um de nós, veterano da Guerra da Coreia, disse a esse jovem que nossa briga no bar, de certo modo, também fora uma briga dele, o rapaz apenas respondeu: "Perdi minha consciência há muito tempo", virou-se e saiu. Sei que preferimos não pensar assim, mas a atitude desse jovem é típica. Então, com base nas evidências, todos os outros presentes no bar perderam *a* consciência. Há alguns anos, eu teria odiado essas pessoas com todo meu coração. Agora, no entanto, só conseguia sentir pena; tive pena para não desprezá-las. E essa não é a melhor maneira de se sentir em relação aos próprios compatriotas.

Mas, no fim das contas, a ameaça de extinção universal que paira sobre o mundo inteiro atualmente é o que muda, de forma total e definitiva, a natureza da realidade e coloca em questão o verdadeiro significado da história da humanidade. Nós, seres humanos, temos agora o poder de nos exterminar; esse parece ser o resultado de nossa conquista. Fizemos essa jornada e chegamos até aqui em nome de Deus. Isso significa, então, que esse é o melhor que Deus (o Deus branco) pode fazer. Se for assim, então é hora de substituí-Lo — mas substituí-Lo por quê? E esse vazio, esse desespero, esse tormento é sentido em todo o Ocidente, das ruas de Estocolmo até as igrejas de New Orleans e as sarjetas do Harlem.

Deus é negro. Todos os homens negros pertencem ao Islã; foram escolhidos. E o Islã governará o mundo. Trata-se de um sonho e um sentimento antigo; apenas a cor é nova. E é esse sonho, essa maravilhosa possibilidade, que milhares de homens e mulheres negros oprimidos neste país levam consigo agora, depois de o sacerdote muçulmano ter falado, pelas ruas escuras e barulhentas do gueto, diante dos barracos onde tantas pessoas morreram. O Deus branco não os libertou; talvez o Deus negro o faça.

Enquanto estive em Chicago no verão passado, o honorável Elijah Muhammad me convidou para jantar em sua casa, uma mansão imponente no lado sul de Chicago que também é a sede do movimento Nação do Islã. Eu não tinha ido a Chicago para encontrar Elijah Muhammad — não tinha pensado a respeito —, mas, assim que recebi o convite, ocorreu-me que eu deveria, sim, ter esperado por isso. De certa forma, devo esse convite à estupidez impressionante, abismal e absolutamente covarde dos liberais brancos. Seja em debate privado ou em público, qualquer tentativa que fiz para explicar como surgiu o movimento negro muçulmano, e como alcançou tamanha força, foi recebida com uma frieza que revelou a parca ligação que as atitudes dos liberais têm com suas percepções ou sua vida, ou mesmo seu conhecimento — isso revelou, na verdade, que eles podiam lidar com os negros como símbolo ou vítimas, mas nunca como seres humanos. Quando Malcolm X, considerado o segundo em comando do movimento e seu aparente sucessor, destaca que o grito de "violência" não foi erguido, por exemplo, quando os israelitas lutaram para reconquistar Israel, e, de fato, é levantado apenas quando os negros mostram que vão lutar por *seus* direitos, ele está falando a verdade. As conquistas da Inglaterra, todas elas sangrentas, fazem parte do imaginário dos americanos quando falam da glória da Inglaterra. Nos Estados Unidos, a violência e o heroísmo tornaram-se sinônimos, exceto quando se trata de pessoas negras, e a única forma de derrubar o argumento de Malcolm é reconhecê-lo e se perguntar em seguida o motivo de isso acontecer. A declaração de Malcolm *não* é respondida por referências aos triunfos da National Association for the Advancement of Colored People (NAACP) [Associação Nacional para o Progresso das Pessoas de Cor], sobretudo porque pouquíssimos liberais têm a mínima noção de como é demorada, custosa e dolorosa a tarefa de reunir provas que podem ser levadas ao tribunal, ou quanto tempo duram essas batalhas judiciais. Tampouco é respondida por referências ao movimento estudantil, até porque nem todas as pessoas negras são estudantes e nem todas vivem no Sul. De qualquer modo, me recuso a ser colocado na posição de alguém que nega a verdade das declarações de Malcolm simplesmente por discordar de suas conclusões, ou para acalmar a consciência liberal. As coisas estão tão ruins como os muçulmanos dizem que estão — na verdade, estão piores, e os muçulmanos não amenizam a situação —, porém *não há* razão para esperar que os negros sejam mais pacientes, mais tolerantes e mais previdentes do que os brancos; com efeito, muito pelo contrário. A verdadeira razão pela qual a não violência é considerada uma virtude dos negros — não falo aqui de seu valor racial, que é outra questão — é que os brancos não querem que sua vida, sua autoimagem ou sua propriedade sejam ameaçadas. Gostaríamos que eles dissessem isso com mais frequência. No fim de um programa de TV em que Malcolm X e eu comparecemos, Malcolm foi parado por um membro branco da plateia que indagou: "Tenho mil dólares e meio hectare de terra. O que vai acontecer comigo?". Admirei a franqueza da pergunta do homem, mas não ouvi a resposta de Malcolm, porque naquele momento eu tentava explicar a outra pessoa que não tem cabimento comparar a situação dos irlandeses de cem anos atrás e a situação dos negros atualmente. Pessoas negras foram sequestradas e trazidas para cá acorrentadas muito antes de os irlandeses sequer pensarem em deixar a Irlanda; que tipo de consolo há em saber que os emigrantes que chegaram aqui — voluntariamente — bem depois de nós conquistaram uma posição muito superior? No corredor, enquanto eu esperava o elevador, alguém apertou minha mão e disse: "Até logo, sr. James Baldwin. Em breve iremos chamá-lo de sr. James X". E pensei, por um momento terrível: "Meu Deus, se as coisas continuarem desse jeito por muito mais tempo, é bem provável que isso ocorra, sim". Elijah Muhammad assistiu a esse programa, acho, ou outro parecido, e ouviu falar sobre mim. Foi assim que, no fim de uma tarde quente de domingo, apareci em sua porta.

Fiquei assustado por ter sido convocado a estar diante de uma presença tão ilustre. Mas também fiquei assustado por outro motivo. Conhecia a tensão que havia em mim entre o amor e o poder, entre a dor e a raiva, e a maneira curiosa e opressiva como eu ficava dividido entre esses polos — sempre tentando escolher o melhor em vez do pior. No entanto, essa escolha tinha relação com uma ascensão pessoal, particular (afinal, sou escritor); qual era sua relevância no que diz respeito às mazelas sociais? Lá estava eu, na zona sul da cidade — 1 milhão em cativeiro —, que se estendia da entrada do município até onde a vista alcança. E essa gente nem sequer lê; as populações oprimidas não têm tempo nem energia sobrando para isso. As populações abastadas, que deveriam tê-las auxiliado, também não liam, como era sabido — simplesmente compravam livros e os devoravam, mas não para aprender: para aprender novas atitudes. Além disso, eu sabia que, depois de entrar em casa, não poderia fumar nem beber, e me senti culpado pelos cigarros no bolso, como havia me sentido anos atrás, quando meu amigo me levou pela primeira vez a sua igreja. Cheguei meia hora atrasado, pois me perdi no caminho, e me senti tão merecedor de uma bronca quanto um estudante.

O rapaz que atendeu a porta — devia ter uns trinta anos, talvez, e tinha um rosto bonito e sorridente — não pareceu achar meu atraso ofensivo e me conduziu para uma sala grande. De um lado da sala, havia meia dúzia de mulheres sentadas, todas vestidas de branco; estavam muito ocupadas com um lindo bebê, que parecia ser filho da mulher mais jovem. Do outro lado, estavam sentados sete ou oito homens, jovens, de terno escuro, bem à vontade e muito imponentes. A luz do sol entrava na sala com aquela tranquilidade que faz lembrar o quarto da primeira infância — uma luz do sol que só encontramos mais tarde, nos sonhos. Recordo-me de ter ficado impressionado com a tranquilidade, a naturalidade, a paz, a sensação. Fui apresentado, e me cumprimentaram com genuína cordialidade e respeito — e o respeito aumentou meu medo, pois significava que esperavam de mim algo que eu sabia em meu íntimo, pelo bem deles, que não poderia dar — e nos sentamos. Elijah Muhammad não estava ali. A conversa foi lenta, mas não tão tensa quanto eu temia. Eles dominaram o diálogo, porque eu não sabia quais assuntos poderia abordar de maneira aceitável. Sabiam mais sobre mim e tinham lido mais coisas minhas do que eu esperava, e fiquei me perguntando o que será que achavam de tudo aquilo, qual poderia ser minha utilidade para eles. As mulheres conversavam em voz baixa; concluí que a participação delas não era esperada em discussões masculinas. Algumas mulheres entravam e saíam da sala, tomando conta, aparentemente, dos preparativos para o jantar. Nós, os homens, não nos aprofundamos em nenhum assunto, pois, obviamente, todos esperávamos por Elijah. Então, os homens, um por um, saíram da sala e voltaram. Em seguida, me perguntaram se eu gostaria de me lavar e caminhei pelo corredor até o banheiro. Pouco depois de voltar, nos levantamos e Elijah entrou.

Não sei o que eu esperava encontrar. Tinha lido alguns de seus discursos e ouvido alguns fragmentos no rádio e na televisão, por isso associei-o a uma ideia de ferocidade. Mas não, o homem que chegou era pequeno e esguio, de constituição muito delicada, rosto magro, olhos grandes e calorosos e um sorriso muito cativante. Algo entrou na sala com ele — a alegria de seus discípulos ao vê-lo, sua própria alegria em vê-los. Foi o tipo de encontro a que se assiste com um sorriso no rosto simplesmente porque é muito raro as pessoas gostarem umas das outras. Ele fazia graça com as mulheres, como um pai, sem nenhum indício daquele flerte feio e untuoso que eu conhecia tão bem de outras igrejas, e elas respondiam com grande liberdade e, ainda assim, a uma grande e amorosa distância. Ele me viu ao entrar, eu sabia, embora ele não tenha olhado em minha direção. Enquanto ele conversava e se divertia com os outros, que me pareceram ser seus fiéis discípulos, tive a sensação de que ele me avaliava, decidindo algo. Então se virou para mim, para me receber, com aquele sorriso maravilhoso, e me levou há uns 24 anos atrás, até aquele momento em que a pastora sorriu e me perguntou: "Você é o garoto de quem?".

Dessa vez, não respondi como naquela ocasião, porque há algumas coisas (não muitas, infelizmente!) que não se pode fazer duas vezes. Mas compreendi a sensação que ele me provocava, como me sentia atraído por sua autoridade peculiar, como seu sorriso prometia tirar de meus ombros o fardo de minha existência. *Entregue seus fardos ao Senhor e deixe-os com Ele.** A característica principal do rosto de Elijah é a dor, e seu sorriso é testemunha disso — uma dor tão antiga, profunda e negra que só se torna pessoal e específica quando ele sorri. Dá curiosidade de saber como seria se ele cantasse. Ele se virou para mim, com aquele sorriso, e disse algo como "Tenho muito a *lhe* falar, mas vamos esperar até nos *sentarmos*". Ele me fez pensar em meu pai e em mim, em como seríamos se fôssemos amigos.

Na sala de jantar, havia duas mesas compridas; os homens se sentavam em uma e as mulheres na outra. Elijah estava na cabeceira de nossa mesa, e eu estava sentado a sua esquerda. Mal consigo me lembrar do que comemos, exceto que a comida era abundante, saudável e simples — tão saudável e simples que me fez sentir extremamente decadente, e acho que por isso bebi dois copos de leite. Elijah mencionou ter me visto na televisão e teve a impressão de que eu ainda não havia sofrido uma lavagem cerebral e que eu tentava me tornar autêntico. Disse isso de forma curiosamente desconcertante, seus olhos me encarando e uma

---

* *"Take your burdens to the Lord and leave them there"*, verso do hino cristão "Leave It There" (1916), composto pelo pastor metodista afro-americano Charles A. Tindley. (N. E.)

mão escondendo parcialmente os lábios, como se estivesse tentando esconder dentes estragados. Mas ele não tinha dentes estragados. Então me lembrei de ter ouvido que ele fora preso por um tempo. Vamos supor que eu *gostaria* de me tornar mesmo autêntico, seja lá o que isso queira dizer, mas sabia que Elijah e eu não compartilhávamos o mesmo significado disso. Concordei, estava tentando ser eu mesmo, contudo não sabia o que dizer além disso, então esperei.

Sempre que Elijah falava, uma espécie de coro surgia da mesa, dizendo "Sim, é isso mesmo", o que começou a me deixar nervoso. E o próprio Elijah tinha outro hábito irritante, que era fazer suas perguntas e comentários como indiretas que ricocheteavam em outra pessoa com quem ele não estava falando. Então, virando-se para o homem a sua direita, ele começou a falar dos demônios brancos com quem eu havia estado no programa de tv mais recente: O que eles *o* (no caso, eu, naturalmente) fizeram sentir? Eu não poderia responder a essa questão e não tinha certeza se isso era esperado. As tais pessoas certamente me fizeram sentir exasperado e inútil, mas não pensei nelas como demoníacas. Elijah falou sobre os crimes dos brancos, ao som de um coro interminável de "Sim, é isso mesmo". Alguém na mesa disse: "O homem branco com certeza *é* um demônio. Ele prova isso com suas ações". Olhei em volta. Foi um homem muito jovem quem fez o comentário, pouco mais velho que um menino — retinto e sério, parecendo bastante amargo. Elijah começou a falar da religião cristã, dos cristãos, da mesma forma suave e jocosa.

Comecei a perceber que o poder de Elijah vinha de sua sinceridade e obstinação. Não há nada calculado nele; ele quer dizer cada palavra que diz. A verdadeira razão, de acordo com Elijah, pela qual não conseguia perceber que o homem branco era um demônio foi porque estive exposto por muito tempo à catequese dos brancos e nunca recebi a verdadeira instrução. "O chamado negro americano" é a única razão pela qual Alá permitiu que os Estados Unidos estivessem de pé por tanto tempo; o tempo do homem branco terminou em 1913, mas é pela vontade de Alá que esta nação negra perdida, os homens negros deste país, sejam redimidos de seus senhores brancos e regressem à fé verdadeira, que é o Islã. Até que isso aconteça — e será muito em breve —, a destruição total do homem branco está apenas adiada. A missão de Elijah é devolver "o chamado negro" ao Islã, para separar os escolhidos de Alá desta nação condenada. Além disso, o homem branco conhece sua própria história, sabe que é um demônio, sabe que seu tempo está se esgotando e que toda a sua tecnologia, psicologia, ciência e "trapaçologia" estão sendo dispendidas no esforço para impedir que os negros descubram a verdade. A verdade é que no início dos tempos não havia uma única face branca em todo o universo. Negros governavam a terra e eram perfeitos. Essa é a verdade relativa à era que os homens brancos hoje chamam de pré-histórica. Querem que os negros acreditem que eles próprios, assim como os homens brancos, viviam em cavernas e se balançavam em árvores e comiam carne crua e não tinham capacidade de falar. Mas isso é mentira. Os negros nunca estiveram em tal condição. Alá permitiu que o Demônio, através de seus cientistas, realizasse experiências infernais, que resultaram, finalmente, na criação do demônio conhecido como homem branco, e mais tarde, de forma ainda mais desastrosa, na criação da mulher branca. E foi decretado que essas criaturas monstruosas deveriam governar a terra por certo período — esqueci quantos milhares de anos, mas, de qualquer forma, seu governo agora está ruindo, e Alá, que em primeiro lugar nunca aprovou a criação do homem branco (pois sabe que ele, na verdade, não é um homem, mas um demônio), está ansioso para restaurar a ordem de paz que a ascensão do homem branco destruiu totalmente. Portanto, por definição, não há virtude nas pessoas brancas, e, por serem uma criação inteiramente diferente e não poderem, por procriação, tornar-se negras — assim como um gato, por procriação, não pode tornar-se um cavalo —, não há esperança para elas.

Não há nada de novo nessa formulação impiedosa, exceto a explicitação dos símbolos e da franqueza do ódio que transparece dela. Esse tom emocional é tão familiar para mim quanto minha pele; é apenas outra maneira de dizer *que os pecadores ficarão presos no inferno por mil anos.* Nem preciso dizer que, para os negros americanos, os pecadores sempre foram os brancos, e, assim sendo, cada negro americano corre o risco de ter as portas da paranoia fechadas sobre si. Em uma sociedade que é totalmente hostil e, por natureza, parece determinada a nos derrubar — e que derrubou tanta gente no passado e continua a derrubar todos os dias —, parece ser quase impossível distinguir uma ofensa real de uma presumida. Em razão disso, podem parar de tentar fazer essa distinção e, o que é pior, é que geralmente nem percebem que estão deixando de fazê-la. Todos os porteiros e todos os policiais, por exemplo, já se tornaram, para mim, exatamente iguais em suas atitudes, então minha resposta é projetada apenas para intimidá-los antes que eles me intimidem; posso cometer alguma injustiça, sem dúvida, mas sou irredutível nisso, já que não posso arriscar presumir que a humanidade dessas pessoas seja mais real para elas do que sua farda. A maioria das pessoas negras não pode arriscar presumir que a humanidade dos brancos é mais real para eles do que sua cor. E isso leva, de forma imperceptível, porém inevitável, a um estado de espírito em que, tendo aprendido há muito tempo a esperar o pior, é muito fácil acreditar no pior. Não estamos exagerando ao falar sobre a brutalidade com que pessoas negras são tratadas nesta terra, por mais relutantes que os homens brancos sejam em ouvir isso. A princípio — e isso também não é exagero — a pessoa negra simplesmente não consegue *acreditar* que os brancos a tratem como tratam, pois não sabe o que poderia ter feito para merecer tal tratamento. E, quando percebe que o tratamento que lhe foi dispensado não tem nada a ver com alguma atitude sua, que se trata de uma tentativa totalmente gratuita dos brancos de destruí-la — pois, sim, é isso mesmo —, não é difícil pensar nos brancos como demônios. Não existe linguagem que descreva os horrores da vida das pessoas negras nesta terra. O isolamento de sua experiência, que apenas começa a ser reconhecida na linguagem e que é negada ou ignorada pelo discurso oficial e popular — daí a existência de uma linguagem especificamente negra —, confere credibilidade a qualquer sistema que pretenda explicá-la. E, de fato, a verdade sobre as pessoas negras, como entidade histórica e como ser humano, *foi* deliberada e cruelmente escondida de nós; o poder do mundo branco é ameaçado sempre que uma pessoa negra se recusa a aceitar suas definições. Portanto, todos os esforços são feitos para derrubá-la — e não foram feitos apenas no passado como continuam sendo feitos hoje. Quem, então, poderá afirmar com autoridade onde está a raiz de tanta angústia e maldade? Por que, então, não é possível que acreditem que todas as coisas tenham começado com os negros e que eram perfeitos? — especialmente porque essa é de fato a afirmação que os brancos usam para apresentar a si próprios enquanto raça durante todos estes anos. Além disso, é de conhecimento geral que os brancos são uma minoria absoluta no mundo — uma minoria tão concreta que mais parece uma invenção —, portanto não podem continuar a ter esperança de governá-lo. Sendo assim, por que também não acreditar que eles alcançaram seu domínio original por meios furtivos, ardilosos, com derramamento de sangue e em oposição à vontade do céu, e não, como afirmam, pela vontade do céu? E sendo *assim*, a espada que usaram por tanto tempo contra os outros também pode agora, sem piedade, ser usada contra eles mesmos. Essas provas celestiais são muito capciosas, já que são usadas por quem julga estar mais próximo do céu naquele momento. E tanto as tradições populares como a teologia destinadas a santificar nossos medos, crimes e aspirações também revelam os brancos como são.

Respondi, por fim, a algumas questões que ricochetearam indiretamente na mesa: "Deixei a igreja há vinte anos e não me filiei a nada desde então". Foi minha maneira de dizer que também não pretendia aderir ao movimento deles.

"E o que você é agora?", Elijah perguntou.

Eu estava em uma situação difícil, pois realmente não podia dizer — não podia me permitir ser forçado a dizer — que era cristão. "O que sou? Agora? Não sou nada." A resposta não era suficiente. "Sou escritor. Gosto de fazer as coisas sozinho." Eu me ouvi dizendo uma coisa assim. Elijah sorriu para mim. "Na verdade, não penso muito sobre isso", acrescentei, finalmente.

Elijah disse, virando à direita: "Acho que ele devia pensar sobre isso o tempo *todo*", ao que a mesa, como era esperado, concordou. Mas não havia nada de malicioso ou condenatório. Tive a sensação sufocante de que *eles* sabiam que eu pertencia a sua comunidade, mas também sabiam que eu ainda não tinha consciência disso, que continuava despreparado enquanto eles estavam simplesmente esperando, pacientes e seguros, até que eu descobrisse a verdade por mim mesmo. Afinal, para onde mais eu poderia ir? Sou negro e, portanto, parte do Islã, e seria salvo do holocausto que aguarda o mundo branco, querendo ou não. Meus escrúpulos fracos e delirantes não valeriam nada diante da palavra de ferro do profeta.

Senti que estava de volta à casa de meu pai — como realmente estava, de certa forma — e disse a Elijah que não me importava com o casamento inter-racial e que tinha muitos amigos brancos. Eu não teria escolha, se fosse necessário, a não ser morrer com eles, pois (disse isso mais para mim mesmo do que para Elijah): "Amo algumas pessoas e elas também me amam, algumas delas são brancas; o amor não é mais importante que a raça?".

Elijah olhou para mim com muita ternura e gentileza, muita compaixão, como se estivesse lendo meu coração, e disse, com ceticismo, que eu *poderia* ter amizades com brancos, ou poderia pensar que tinha, e eles *poderiam* tentar ser honestos — agora —, mas o tempo deles tinha acabado. Era quase como se estivesse dizendo: "Eles tiveram sua chance, cara, e estragaram tudo!".

Então olhei ao redor da mesa. Certamente não tinha nenhuma prova para dar a eles que superasse a autoridade de Elijah ou o testemunho de suas próprias vidas ou a realidade das ruas lá fora. Sim, eu conhecia duas ou três pessoas brancas, em quem confiaria minha vida, e conhecia algumas outras, brancas, que lutavam tanto quanto podiam, e com grande esforço, suor e risco, para fazer o mundo mais humano. Mas como eu poderia dizer isso? Não se pode argumentar contra a experiência, decisão ou crença de ninguém. Todas as minhas provas seriam rejeitadas nesse tribunal por serem irrelevantes para a questão principal do caso, pois eu só poderia citar exceções. A zona sul da cidade era a testemunha de justiça da acusação; o estado do mundo era a prova da justiça da acusação. Tudo o mais, voltando nos registros do passado, é a mera história das exceções que tentaram mudar o mundo e falharam. Será verdade? *Falharam*? Quanto depende da perspectiva individual ou da de um determinado grupo? Pois parece que certa categoria de exceções nunca deixou de piorar o mundo — precisamente aquela categoria para quem o poder é mais real do que o amor. E, no entanto, o poder *é* real, e muitas coisas, incluindo, com frequência, o amor, não podem ser alcançadas sem o poder. Da maneira mais assustadora possível, de repente tive um vislumbre do que deve se passar com os brancos à mesa de jantar quando tentam provar que pessoas negras não são subumanas. Em algum momento eu quase disse: "Bem, minha amiga Mary, por exemplo...", chegando a catalogar as virtudes que davam a Mary o direito de estar viva. E para quê? Para no fim das contas Elijah e os outros balançarem a cabeça solenemente e dizerem: "Bem, *ela* não é ruim, mas os *outros*!".

E novamente olhei para os rostos jovens ao redor da mesa e em seguida para Elijah, que dizia que nenhum povo na história jamais foi respeitado a não ser que fosse dono de terras. E a mesa concordou: "Sim, é isso mesmo". Eu não poderia negar a veracidade dessa afirmação. Pois todas as pessoas têm, *são*, uma nação, com um território definido e uma bandeira — até mesmo, atualmente, os judeus. Somente "o chamado negro americano" que permanece encarcerado, deserdado e desprezado a uma nação que o manteve escravizado durante quase quatrocentos anos e que permanece incapaz de reconhecê-lo como ser humano. E os negros muçulmanos, além de muitos outros que não são muçulmanos, já não desejam um reconhecimento tão rancoroso tardiamente (caso seja alcançado). Mais uma vez, não podemos negar que esse ponto de vista é abundantemente justificado pela história do negro americano.

É mortificante termos ficado tanto tempo tomando chá de cadeira à espera de que o povo dos Estados Unidos amadurecesse o suficiente para perceber que não somos uma ameaça a eles. Em contrapartida, como os negros americanos poderiam formar agora uma nação separada? E é compreensível que muitas vezes o separatismo, e não apenas do ponto de vista muçulmano, pareça ser a única esperança de não perecer no fim de mundo desta terra e ser completa e eternamente esquecido, como se nunca tivesse existido e toda nossa labuta não tivesse servido para nada.

A intensidade de Elijah e o amargo isolamento e insatisfação daqueles rapazes e o desespero nas ruas lá fora me fizeram vislumbrar vagamente o que pode até parecer uma fantasia agora, embora, em uma época tão fantástica, eu hesitasse em dizer com precisão o que é fantasia. Digamos que os muçulmanos conseguissem o controle dos seis ou sete estados que afirmam serem devidos aos negros pelos Estados Unidos como "pagamento de reparação" pelo trabalho escravista. É evidente que os Estados Unidos nunca renunciariam a esse território, sob quaisquer condições, a menos que considerassem impossível mantê-lo, fosse qual fosse a razão — isto é, a menos que os Estados Unidos fossem rebaixados como potência mundial, exatamente da mesma forma, e no mesmo grau de velocidade, com que a Inglaterra foi forçada a renunciar a seu Império. (E não é verdade que a Inglaterra "sempre teve o propósito da partilha" — e a situação de suas ex-colônias são prova disso.) Se esses territórios fossem os estados do Sul — e os muçulmanos parecem preferir assim —, então as fronteiras de uma América Latina hostil certamente seriam ampliadas até, digamos, Maryland. Em relação às fronteiras marítimas americanas, uma estaria voltada para uma Europa impotente e a outra para um Leste desconfiado e não branco, e, ao Norte, depois do Canadá, haveria apenas o Alasca, que acaba por se encontrar com a Rússia. O efeito disso seria que os povos brancos dos Estados Unidos e do Canadá ficariam ilhados em um continente adverso, com o restante do mundo branco provavelmente relutante e sem dúvida incapaz de vir em seu auxílio. Tudo isso não é, a meu ver, a mais iminente das possibilidades, mas, se eu fosse muçulmano, essa é a possibilidade que eu teria em perspectiva. E mais, se eu fosse muçulmano, não hesitaria em me utilizar — ou até encorajar — o descontentamento social e espiritual que reina por aqui, pois, na pior das hipóteses, teria apenas contribuído para a destruição de uma pátria que eu odiava, e não me importaria se perecesse junto. Afinal, as pessoas estão morrendo aqui faz tempo!

E sobre o que refletiam à mesa? "Estou aqui para lhe dar algo que nunca poderá ser tirado de você", disse Elijah. Como todos ficaram solenes nesse momento! Como era grandiosa a luz que iluminou os rostos negros! Essa é a mensagem que se espalhou pelas ruas, pelos cortiços e pelas prisões, pelas divisões de narcóticos, pela imundice e pelo sadismo dos hospitais psiquiátricos, até um povo de quem tudo foi tirado, inclusive o que é mais crucial, seu senso de valor, seu amor-próprio e sua autoestima. As pessoas não podem ter uma vida sem sentido; e deverão fazer de tudo para recuperá-lo. É por isso que a coisa mais perigosa de qualquer sociedade é a pessoa que não tem nada a perder. E nem é preciso ter dez pessoas assim — uma bastará. E Elijah, imagino, não teve nada a perder desde o dia em que viu o sangue do pai jorrar — espirrando e escorrendo das folhas de uma árvore acima de sua cabeça, como reza a lenda. Mas os outros homens à mesa também não tinham nada a perder. "Voltem a sua verdadeira religião", escreveu Elijah. "Libertem-se das correntes dos senhores escravistas, o demônio, e voltem para o lar. Parem de beber o álcool deles, parem de usar a droga deles, protejam suas mulheres e fiquem longe desses porcos imundos." Me lembrei de meus amigos de anos atrás, nas esquinas, regados a vinho, uísque e lágrimas e em busca de alívio na heroína. Meu irmão me disse uma vez: "Se não houvesse tantas igrejas e tantos drogados no Harlem, o sangue estaria lavando as ruas". *Protejam suas mulheres*: uma coisa difícil de fazer em uma civilização sexualmente tão patética que a masculinidade dos homens brancos depende da negação da masculinidade dos negros. *Protejam suas mulheres*: em uma civilização que emascula homens e abusa das mulheres, na qual, além disso, o homem é forçado a depender da colaboração do trabalho feminino. *Protejam suas mulheres*: olhando o homem branco ostentar com a boca cheia de dentes, "Estamos fazendo um favor ao bombear um pouco de sangue branco em seus filhos", enquanto ainda temos que enfrentar as espingardas do Sul e os cassetetes do Norte. Anos atrás dizíamos com orgulho: "*Sim*, sou negro e sou lindo, caramba!" — em tom de desafio, mesmo sem motivo. Mas agora, apenas agora, tomamos conhecimento sobre reis e heróis africanos de tempos imemoriais cuja imagem e história podem ser utilizadas hoje como uma arma poderosa. E a cor negra *tornou--se* bonita — não porque sejamos amados, mas por sermos temidos. E essa urgência por parte dos negros americanos *não pode ser esquecida*! Enquanto observam a ascensão dos homens negros em outros lugares, a promessa feita, finalmente, de que poderão caminhar pela terra com a mesma autoridade com que andam os homens brancos, protegidos pelo poder que os homens brancos não terão mais, é suficiente, e mais do que suficiente, para esvaziar prisões e arrancar Deus lá do Seu trono no céu. Já aconteceu, muitas vezes, antes da invenção da raça, e a esperança no céu sempre foi uma metáfora para a realização desse estado particular de graça. Como diz o hino de louvor: "Sei que minhas vestes vão me servir bem. Eu as experimentei nos portões do inferno".*

Já era hora de ir embora e ficamos naquela grande sala, nos despedindo, dando boa-noite e tudo, com aquele ar curioso e pesado, em aberto. Eu sentia que havia falhado num teste, aos olhos deles e aos meus, ou que não tinha prestado atenção a uma advertência. Elijah e eu apertamos as mãos e ele me perguntou para onde eu ia. Aonde quer que eu fosse, eles me levariam — "porque, quando convidamos alguém para vir aqui, assumimos a responsabilidade de protegê-lo dos demônios brancos até que chegue a seu destino em segurança", disse ele. Na verdade, eu ia beber com vários demônios brancos do outro lado da cidade.

---

* *"I know my robe's going to fit me well. I tried it on at the gates of Hell."*

Confesso que, por uma fração de segundo, hesitei em dizer o endereço — o tipo de endereço que, em Chicago, como em todas as cidades dos Estados Unidos, se identificava como endereço branco por sua localização privilegiada. Mas eu contei e Elijah e eu descemos as escadas e um dos jovens saiu para pegar o carro. Foi muito estranho estar ao lado de Elijah naqueles poucos momentos, enfrentando aquelas ruas vívidas, violentas e problemáticas. Eu me sentia bem próximo dele e desejava muito poder amá-lo e honrá-lo como testemunha, aliado e pai. Senti que conhecia algo de sua dor e de sua fúria e, sim, de sua beleza também. No entanto, precisamente em razão da realidade e da natureza daquelas ruas — devido ao que ele concebia como sua responsabilidade e ao que eu considerava como a minha —, seríamos sempre estranhos e, talvez, um dia, inimigos. O carro chegou — azul brilhante, metálico e grotescamente americano —, e Elijah e eu nos despedimos e dissemos "boa noite" mais uma vez. Ele entrou em sua mansão e fechou a porta.

O motorista dirigia ao longo do lago de Chicago e seguimos o caminho pela escuridão — estranhamente bela àquela hora —, falando baixo. Voltamos à discussão das coisas terrenas. Como é que nós — pessoas negras — conquistaríamos esta terra? Perguntei isso ao rapaz retinto que, antes, à mesa, dissera que as atitudes do homem branco provavam que ele era um demônio. Primeiro ele me falou sobre os templos muçulmanos que estavam sendo construídos, ou prestes a serem construídos, em várias partes dos Estados Unidos, com a força dos fiéis muçulmanos e com o montante de dinheiro anualmente disponível aos negros — algo em torno de 20 bilhões de dólares. "Só essa conquista já mostra o quanto somos fortes", disse ele. Mas, persisti, com cautela, e em termos um pouco diferentes, em relação a esses 20 bilhões de dólares, ou o quanto quer que seja, dependerem da economia total dos Estados Unidos. E quando os negros não fizerem mais parte dessa economia? Isso sem contar com o fato de que, para que tal aconteça, a própria economia americana terá que passar por mudanças radicais e com certeza desastrosas, então o poder de compra do negro americano obviamente não será mais o mesmo. Em que se baseará então a economia dessa nação separada? O rapaz me lançou um olhar um pouco estranho. Acrescentei com alguma pressa: "Não estou dizendo que isso não pode ser feito — só quero saber *como* será feito". Na verdade, eu pensava que, "para que isso aconteça, toda sua estrutura de referência terá que mudar, e você será forçado a renunciar a muitas coisas que mal sabe que tem hoje". E eu nem considerava coisas como a lataria pseudoelegante em que andávamos, que talvez tivesse um alto valor. No entanto, a vida seria muito diferente sem tudo isso, e me perguntei se ele teria refletido sobre esse assunto.

Como é possível, contudo, sonhar com o poder em quaisquer outros termos senão com os símbolos do poder? O rapaz percebeu que a liberdade dependia da posse da terra e estava convencido de que, de uma forma ou de outra, os negros deveriam conquistá-la. Enquanto isso, ele poderia andar pelas ruas sem temer nada, porque agora havia milhões como ele chegando ao poder em breve. Em suma, o que o mantinha de pé era um sonho — embora, é sempre bom lembrar, alguns sonhos se tornem realidade —, e ele se sentia apoiado por seus "irmãos" com base em sua raça. Talvez não seja muito pedir mais que isso. As pessoas parecem sempre se apoiar em um princípio que nada tem a ver com amor, mas sim em um princípio que as liberta da responsabilidade pessoal.

No entanto, eu poderia ter esperado que o movimento muçulmano tivesse sido capaz de inculcar na desmoralizada população negra um sentido mais verdadeiro e individual de seu próprio valor, para que os negros nos guetos do Norte pudessem começar, em termos concretos, e a qualquer preço, a mudar sua situação. Mas, para mudar isso, é preciso primeiro enxergar a situação como ela é: nesse caso, trata-se de aceitar o fato, não importa o que se faça depois disso, de que o povo negro foi formado por esta nação, para o bem ou para o mal, e não pertence a nenhuma outra — nem à África, e com certeza não ao Islã. O paradoxo — e é um paradoxo terrível — é que o negro americano não pode ter futuro em lugar nenhum, em nenhum continente, enquanto não estiver disposto a aceitar seu passado. Aceitar o próprio passado — a própria história — não é o mesmo que se afogar nele; é aprender a aproveitá-lo. Um passado inventado nunca poderá ser aproveitado; ele se racha e desmorona sob as pressões da vida como o barro na estiagem. Como o passado do negro dos Estados Unidos pode ser aproveitado? O preço sem precedentes exigido para isso — e nesta hora combativa da história do mundo — é a transcendência das realidades de raça, de nações e de altares.

"De qualquer forma", o rapaz disse de repente, depois de um longo silêncio, "as coisas nunca mais serão como antes. *Sei* disso."

E então chegamos ao território inimigo e me deixaram lá, na porta do inimigo.

Parece que ninguém sabe como a Nação do Islã consegue dinheiro. Uma grande quantia, naturalmente, é fruto da contribuição dos negros, mas há rumores de que gente da laia de John Birch* e certos milionários do petróleo do Texas olhem com bons olhos para o movimento. Não tenho como saber se há alguma verdade nisso, mas, como essas pessoas fazem questão de manter a separação das raças, não ficaria surpreso se nessa fumaça houvesse de fato fogo. Seja como for, recentemente, durante um comício muçulmano, George Lincoln Rockwell, o chefe do partido nazista americano, fez questão de contribuir com cerca de vinte dólares para a causa, e ele e Malcolm X decidiram que, racialmente falando, ambos estavam em total acordo. A glorificação de uma raça e a consequente degradação de outra — ou de outras — sempre foi e sempre será uma receita para o assassinato. Isso é incontornável. Se for permi-

---

* John Birch (1918-45) foi um missionário batista e oficial de inteligência militar americano que, com suas opiniões anticomunistas e antissocialistas, se tornou uma figura importante na história do movimento conservador nos Estados Unidos. (N. E.)

tido tratar qualquer grupo de pessoas com desprezo por sua raça ou cor da pele, não haverá limite para o que alguém poderá submetê-los — e, uma vez que toda uma raça seja misteriosamente apontada, o próximo passo é que tentem destruí-la pela raiz e pelos ramos. Isso foi e é o que os nazistas tentaram fazer. A única originalidade deles estava nos meios utilizados. Não vale a pena lembrar quantas vezes o sol não brilhou para os inocentes massacrados. É evidente a importância, para mim, que os negros deste país consigam sua liberdade aqui mesmo, nos Estados Unidos. Mas também me preocupo com sua dignidade, com a saúde de sua alma, e me oponho a qualquer tentativa de que os negros façam aos outros o que lhes foi feito. Acho que conheço o deserto espiritual a que essa estrada leva — vemos isso para tudo que é lado, todos os dias. É um fato simples e aparentemente difícil de compreender: *quem degrada os outros está degradando a si mesmo*. Não se trata de uma afirmação mística, mas sim muito realista, comprovada pelo olhar de qualquer xerife do Alabama — e eu com certeza não quero ver os negros chegarem a essa condição tão deplorável.

Ora, é extremamente improvável que os negros cheguem ao poder nos Estados Unidos, porque eles representam aproximadamente 9%* desta nação. Não estão na mes-

---

* O dado atual, segundo o Censo de 2020, é 12,4%. "Race and Ethnicity in the United States: 2010 Census and 2020 Census". Disponível em: <https://www.census.gov/library/visualizations/interactive/race-and-ethnicity-in-the-united-state-2010-and-2020-census.html>. Acesso em: 1 abr. 2024. (N. E.)

ma posição dos africanos, que lutam para recuperar suas terras e se libertar do jugo colonial e dessa experiência. A situação do negro é perigosa de uma maneira diferente, tanto para a pessoa negra, por assim ser, como para o país do qual faz parte, de modo problemático e preocupante. O negro americano é uma criação única; não existe contrapartida em nenhum lugar nem precedentes. Os muçulmanos reagem a isso referindo-se ao negro como "o chamado negro americano" e substituindo os nomes herdados dos escravizadores pela letra "x". É fato que todo negro americano carrega um nome que originalmente vem do homem branco a quem ele pertencia como um bem. Meu nome é Baldwin porque fui vendido pela minha tribo africana ou sequestrado dela para as mãos de um cristão branco chamado Baldwin, que me obrigou a ajoelhar aos pés da cruz. Sou, portanto, visível e legalmente descendente de pessoas escravizadas em um país branco e protestante, e é isso que significa ser um negro americano, e é isso que ele é — um pagão sequestrado, que foi vendido como um animal e tratado como alguém que já foi definido pela Constituição dos Estados Unidos como "três quintos" de um homem e que, de acordo com a decisão Dred Scott, não tinha direitos que um homem branco fosse obrigado a respeitar. E hoje, cem anos depois de sua teórica emancipação, ele continua a ser — com a possível exceção do indígena americano — a criatura mais desprezada de seu país. Ora, simplesmente não há possibilidade de uma mudança real na situação do negro sem mudanças radicais e de longo alcance na estrutura política e social americana. E com certeza os brancos americanos não estão apenas relutantes em levar a cabo essas mudanças; em geral, eles são tão negligentes que se tornaram incapazes até mesmo de enxergá-las. Além disso, os próprios negros não acreditam mais na boa-fé dos brancos — se é que alguma vez puderam acreditar. O que o negro *descobriu*, e em escala internacional, é aquele poder de intimidação que ele sempre teve no âmbito privado, e que até agora só podia manipular em particular — muitas vezes para fins privados e sempre para fins limitados. E, portanto, quando o país fala de um "novo" negro, o que tem feito com frequência há décadas, não se refere realmente a uma mudança no negro, o que, em todo caso, é bastante difícil de avaliar, mas apenas a uma nova dificuldade que tem de mantê-lo em "seu lugar", ao fato de ele esbarrar (de novo! de novo!) nas portas do bem-estar espiritual e social dos brancos. Essa é, provavelmente, por mais custoso e estranho que possa parecer, a coisa mais importante que um ser humano pode fazer por outro — e com certeza *uma* das coisas mais importantes; daí o tormento e a necessidade do amor —, e essa é a enorme contribuição que o negro deu a este país de outra forma disforme e desconhecida. Por esse motivo, os brancos americanos estão muito enganados ao supor que os negros imaginaram que algum dia os brancos lhes "concederiam" qualquer coisa. É raro que as pessoas concedam algo. A maioria acumula e guarda; elas acreditam que o que estão acumulando e guardando são elas próprias e aquilo que identificam como tal, quando na verdade acumulam e guardam é uma ideia de realidade e o que supõem que elas sejam. Não se pode entregar absolutamente nada sem se dar, quer dizer, sem se arriscar. Se não pudermos nos arriscar, então somos incapazes de dar. E, afinal, só se pode oferecer liberdade libertando alguém; no caso do negro, a república dos Estados Unidos nunca se tornou madura suficiente para fazer isso. Os brancos americanos se contentaram com gestos que agora são descritos como "tokenismo". Para dar um exemplo concreto, os brancos do país se felicitam pela decisão de 1954 do Supremo Tribunal que proibiu a segregação nas escolas; supõem, apesar da montanha de evidências em contrário acumuladas desde então, que isso foi a prova de uma mudança de atitude — ou, como gostam de dizer, de progresso. Talvez. Tudo depende de como se interpreta a palavra "progresso". A maioria dos negros que conheço não acredita que essa grande concessão teria sido feita alguma vez se não fosse a corrida da Guerra Fria e o fato de a África estar avançando no processo de libertação, de modo que era conveniente, por razões políticas, que ela fosse cortejada pelos descendentes de seus antigos senhores. Se tivesse sido uma questão de amor ou de justiça, a decisão de 1954 certamente teria ocorrido muito antes; se não fosse pela realidade do poder nessa época difícil, isso poderia muito bem ainda nem ter ocorrido. Essa parece ser uma forma bastante dura de expor a questão — ingrata, por assim dizer —, mas, diante da evidência que sustenta essa afirmação, não é fácil refutá-la. Eu mesmo não creio que isso possa ser refutado. De qualquer forma, a natureza desleixada e fatídica da boa vontade americana nunca pode ser invocada para lidar com problemas difíceis. Essas questões foram tratadas, quando chegaram a ser tratadas, por necessidade — e, em termos políticos, necessidade significa concessões feitas para permanecer no topo. Penso que esse fato não tem contestação, *mas, concordando ou não, é nisso que a população negra do mundo, incluindo os americanos, realmente acredita.* A palavra "independência" na África e a palavra "integração" nos Estados Unidos são quase igualmente sem sentido; afinal, a Europa ainda não saiu da África e as pessoas negras daqui ainda não são livres. E essas duas afirmações são fatos inegáveis, relacionados entre si, e contêm as mais graves implicações para todos nós. É possível que os negros neste país nunca consigam chegar ao poder, mas estão muito bem posicionados para causar o caos e fechar as cortinas do sonho americano.

Isso tem tudo a ver, evidentemente, com a natureza desse sonho e com o fato de nós, americanos, de qualquer cor, não ousarmos examinar o éthos nacional e estarmos longe de tê-lo transformado em realidade. Há muitas coisas que não queremos saber sobre nós mesmos. Por exemplo, as pessoas desejam com todas as forças ser iguais (afinal, iguais a que e a quem?), mas adoram a ideia de ser superiores. E essa verdade humana tem uma força especialmente esmagadora aqui, onde é quase impossível conquistar identidade, e as pessoas estão o tempo todo tentando firmar os pés nas areias movediças da posição social. (Consideremos a história do trabalho num país onde, espiritualmente falando, não há trabalhadores, apenas candidatos à mão da filha do patrão.) Além disso, só conheci pouquíssimas pessoas — e a maioria não era americana — que tinham algum desejo real de ser livre. É difícil suportar a liberdade. Pode-se argumentar que estou falando de liberdade política em termos espirituais, mas as instituições políticas de qualquer nação estão sempre ameaçadas e são, em última análise, controladas pelo estado espiritual dessa nação. Somos controlados aqui por nossa confusão, muito mais do que imaginamos, e o sonho americano tornou-se, portanto, algo muito mais parecido com um pesadelo, seja no plano privado, no doméstico ou no internacional. Do ponto de vista privado, não suportamos nossa vida e não ousamos examiná-la; na esfera doméstica, não assumimos nenhuma responsabilidade (nem nos orgulhamos) pelo que se passa no país; e, em termos internacionais, para milhões de pessoas, somos um desastre absoluto. Quem duvida dessa afirmação só precisa abrir os ouvidos, o coração e a mente ao testemunho de, por exemplo, qualquer trabalhador rural cubano ou qualquer poeta espanhol, e se perguntar o que *eles* sentiriam por nós se eles *fossem* vítimas de nossa atuação na Cuba pré-Castro ou na Espanha. Defendemos nosso curioso papel na Espanha referindo-nos à ameaça russa e à necessidade de proteger um mundo livre. Não nos ocorreu que estávamos simplesmente obcecados pela Rússia e que a única vantagem real que essa nação tem no que consideramos uma luta entre Oriente e Ocidente é a história moral do mundo ocidental. A arma secreta da Rússia é a perplexidade, o desespero e a fome de milhões de pessoas cuja existência mal temos consciência. Os comunistas russos não estão nem um pouco preocupados com essas pessoas. Mas nossa ignorância e indecisão tiveram o efeito, senão de entregá-los nas mãos do governo russo, de mergulhá-los profundamente na sombra russa, efeito pelo qual — e é difícil culpá-los — os mais esclarecidos e os mais oprimidos entre eles aumentaram a desconfiança sobre nós. Nosso poder e nosso medo da mudança ajudam a vincular essas pessoas a sua miséria e perplexidade e, à medida que consideram essa situação intolerável, nos tornamos intoleravelmente ameaçados. Afinal, se eles consideram sua situação intolerável, mas são demasiado oprimidos para a transformarem, são apenas peões nas mãos de grandes potências, que, nesse contexto, são sempre inescrupulosas. E, quando eventualmente conseguem mudar sua situação — como em Cuba —, somos ameaçados, mais do que nunca, pelo vácuo que sucede a todas as revoltas violentas. A essa altura já deveríamos saber que uma coisa é derrubar um ditador ou repelir um invasor e outra é de fato fazer uma revolução. Repetidas vezes, o povo descobre que simplesmente se entregou nas mãos de mais um faraó e, como ele foi necessário para reconstruir o país destruído, não o derrubará. Já que as pessoas são um enigma, com pouquíssima vontade de arcar com o fardo da existência, é possível que essa ação sempre se repita. Mas, de coração, não acredito nisso. Acredito que as pessoas podem ser melhores que isso e sei que podem ser melhores do que são. Somos capazes de suportar um grande fardo quando descobrimos que ele é real e nos aproximamos dessa realidade. De qualquer forma, a questão é que estamos vivendo numa era de revolução, queiramos ou não, e que os Estados Unidos são a única nação ocidental com o poder e, espero, a experiência que pode ajudar a tornar essas revoluções reais, com o mínimo possível de danos humanos. Qualquer tentativa que façamos para nos opor a essas explosões de energia equivale a assinar nossa sentença de morte.

Por trás daquilo que consideramos ser a ameaça russa está o que não queremos enfrentar, e aquilo que os brancos americanos não enfrentam quando olham para uma pessoa negra: a realidade — o fato de a vida ser trágica. A vida é trágica apenas porque a Terra gira e o sol nasce e se põe inexoravelmente, e um dia, para cada um de nós, o sol irá se pôr pela última — última — vez. Talvez toda a raiz de nosso problema, do problema humano, seja que sacrificaremos toda a beleza de nossa vida, nos aprisionaremos a totens, tabus, cruzes, sacrifícios de sangue, campanários, mesquitas, raças, exércitos, bandeiras, nações, para negar a certeza da morte, que é a única certeza que temos de fato. Parece-me que devemos nos regozijar com o *fato* da morte, em vez de decidirmos merecer nossa morte, confrontando com paixão o enigma da vida. Cada pessoa é responsável pela vida: é o pequeno farol naquela escuridão terrível da qual viemos e para a qual retornaremos. É preciso tratar essa passagem com o máximo de nobreza possível, pelo bem das pessoas que virão depois de nós. Porém os brancos americanos não acreditam na morte, e é por isso que minha pele negra os intimida tanto. E é também por isso que a presença do negro neste país pode provocar sua destruição. É responsabilidade das pessoas livres confiar e celebrar o que é constante — o nascimento, a luta e a morte são constantes, assim como o amor, embora nem sempre pensemos assim — e apreender a natureza da mudança, mostrar-se capaz e com disposição à mudança. Tal mudança não é na superfície, mas em profundidade — transformação no sentido de renovação. No entanto, essa renovação torna-se impossível se supomos que certas coisas sejam constantes, quando não são — como segurança, dinheiro ou poder, por exemplo. Apegamo-nos então a quimeras, pelas quais somos traídos, e toda a esperança — toda a possibilidade — de liberdade desaparece. E por destruição quero dizer precisamente a abdicação por parte dos americanos de qualquer esforço para serem de fato livres. Os negros podem precipitar essa abdicação porque os brancos nunca, em toda sua longa história, foram capazes de considerá-los pessoas como eles. Não preciso esmiuçar esse ponto; isso já foi provado repetidas vezes pela posição contínua das pessoas negras aqui e por sua luta incansável para derrotar os estratagemas que os brancos usaram, e usam, para negar sua humanidade. Os Estados Unidos poderiam ter utilizado de outras formas a energia que ambas as raças gastaram nesse conflito. De todas as nações ocidentais, os Estados Unidos estão em melhor posição para provar a inutilidade e a obsolescência do conceito de raça. Mas o país não se atreveu a aceitar essa oportunidade, ou mesmo a conceber a situação como tal. Os brancos americanos consideraram isso uma vergonha e invejaram as nações europeias mais civilizadas e sofisticadas que não se incomodavam com a presença de negros nas fronteiras. Isso acontece porque os brancos americanos supõem que "Europa" e "civilização" sejam sinônimos — o que não são — e têm desconfiado de outros padrões e outras fontes de vitalidade, especialmente aquelas produzidas aqui mesmo nos Estados Unidos, e têm tentado se comportar em todos os assuntos como se o que era leste para a Europa também fosse leste aqui. A questão é que se nós, que dificilmente podemos ser considerados uma nação branca, persistirmos em pensar em nós mesmos como uma nação, vamos nos condenar, junto com as nações verdadeiramente brancas, à esterilidade e à decadência, ao passo que, se nos aceitarmos *como somos*, poderemos trazer nova vida às conquistas ocidentais e transformá-las. O preço dessa transformação é a liberdade incondicional do negro; não é exagero dizer que nós, que fomos rejeitados durante tanto tempo, devemos agora ser abraçados, independentemente de um possível risco psíquico ou social. O negro é *a* figura-chave em seu país, e o futuro desta nação é tão brilhante ou tão sombrio quanto o dele. E o negro reconhece isso, de forma negativa. Daí a pergunta: *quero* mesmo ser integrado a uma casa em chamas?

Os brancos americanos, assim como os brancos de outros lugares, acham difícil despojar-se da noção de que possuem um valor intrínseco que as pessoas negras precisam ou desejam. E essa suposição — que, por exemplo, faz com que a solução para o problema do negro dependa da velocidade com que as pessoas negras aceitem e adotem os padrões brancos — é revelada das formas mais surpreendentes, desde a confiança de Bobby Kennedy de que, em quarenta anos, um negro pode tornar-se presidente no país até o tom infeliz de felicitações calorosas com que tantos liberais se dirigem a seus iguais negros. Evidentemente, presume-se que é o negro que se igualou ao branco — conquista que não só prova o fato reconfortante de que a perseverança não tem cor, mas também corrobora de maneira esmagadora o sentido que o homem branco tem de seu próprio valor. Infelizmente, esse valor a duras penas pode ser corroborado de qualquer outra forma; com certeza existe pouca coisa na vida pública ou privada do homem branco que alguém deva desejar imitar. Os homens brancos, no fundo de seu ser, sabem disso. Portanto, grande parte da energia investida no que chamamos de problema do negro é produzida pelo profundo desejo dos brancos de não serem julgados pelos não brancos, de não serem vistos como são e, ao mesmo tempo, uma grande parte da angústia branca está enraizada na necessidade igualmente profunda das pessoas brancas de serem vistas como são, de serem libertadas da tirania do espelho. Todos sabemos, quer admitamos ou não, que os espelhos não refletem a realidade, que a morte por afogamento narcísico é tudo o que nos espera ali. É por essa razão que o amor é tão desesperadamente procurado e tão habilmente evitado. O amor tira as máscaras sem as quais tememos não poder viver e com as quais sabemos não poder viver. A palavra "amor" aqui não está empregada apenas em um sentido pessoal, mas como um estado de ser, ou um estado de graça — não no sentido infantil americano de ser feliz, mas no sentido duro e universal de busca e ousadia. Por isso afirmo, então, que as tensões raciais que ameaçam os americanos hoje têm pouco a ver com uma antipatia real — pelo contrário, na verdade — e estão envolvidas apenas de modo simbólico com a questão da raça. Essas tensões estão enraizadas nas mesmas profundezas de onde brota o amor ou o assassinato. Os medos e anseios particulares e inadmissíveis — e, aparentemente, indescritíveis — dos brancos são projetados nos negros. A única maneira pela qual eles podem ser libertados do que consideram o poder tirânico do negro sobre si é aceitar, na verdade, tornarem-se também negros, tornarem-se parte da terra sofredora e brincalhona que observam, melancolicamente, do alto de seu poder solitário e à qual, munidos com um cheque de viagem espiritual, vão fazer uma visita, disfarçados, depois do anoitecer. Como se pode respeitar, e ainda mais adotar, os valores de um povo que, em qualquer nível, não vive como diz que vive, ou como diz que deveria viver? Não posso aceitar a proposição de que o trabalho de quatrocentos anos do negro americano deva resultar apenas na obtenção do estado atual da civilização americana. Não estou nem um pouco convencido de que valeu a pena ser libertado de feiticeiros africanos se agora — para apoiar as contradições morais e a aridez espiritual de minha vida — esperarem que eu me torne dependente de psiquiatras ocidentais. Eu recuso essa barganha. A única coisa que os brancos têm e de que os negros precisam, ou deveriam querer, é o poder — e ninguém detém o poder para sempre. Os brancos não podem, de modo geral, ser tomados como modelos de vida. Pelo contrário, os próprios brancos necessitam urgentemente de novos padrões, que os libertarão de sua confusão e os colocarão mais uma vez em comunhão fecunda com as profundezas de seu próprio ser. E repito: o preço da libertação dos brancos é a libertação dos negros — a libertação total, nas cidades, no campo, perante a lei e na mente. Por que eu deveria, por exemplo, *querer* me casar com sua irmã — especialmente conhecendo a família como conheço — é um grande mistério para mim. Mas sua irmã e eu temos todo o direito de nos casarmos, se quisermos, e ninguém tem o direito de nos impedir. Se ela não consegue me elevar a seu nível, talvez eu possa elevá-la ao meu.

Em suma, nós, pessoas negras e brancas, precisamos profundamente uns dos outros se quisermos nos tornar de fato uma nação — isso é, se quisermos conquistar de fato nossa identidade, nossa maturidade, como homens e mulheres livres. Criar uma nação revelou-se uma tarefa terrivelmente difícil; é certo que não precisamos criar duas agora, uma negra e uma branca. Mas os homens brancos com muito mais poder político do que o movimento Nação do Islã têm defendido exatamente isso, com efeito, por gerações. Se esse sentimento for honrado quando sair da boca do senador Byrd, então não há razão para que não seja honrado quando sair da boca de Malcolm X. E qualquer comitê do Congresso que deseje investigar Malcolm X também deve estar disposto a investigar os brancos. Ambos expressam exatamente os mesmos sentimentos e representam exatamente o mesmo perigo. Não há absolutamente nenhuma razão para supor que os brancos estejam melhor preparados do que eu para estruturar as leis pelas quais eu serei governado. É totalmente inaceitável que eu não tenha voz nos assuntos políticos de meu próprio país, pois não estou sob a tutela das Américas; sou um dos primeiros americanos a chegar a estas terras.

Esse passado, o passado do negro, de grilhões, fogo, tortura, castração, infanticídio, estupro; morte e humilhação; medo dia e noite, medo tão profundo quanto a medula óssea; dúvida sobre ser digno da vida, já que todos ao redor a negavam; tristeza por suas companheiras, por seus parentes, por seus filhos, que necessitavam de sua proteção e a quem não podia proteger; raiva, ódio e assassinato, um ódio tão profundo pelos homens brancos que muitas vezes se voltava contra si mesmo e os seus, e tornava impossível todo amor, toda confiança, toda alegria — esse passado, essa luta sem fim para alcançar, revelar e confirmar uma identidade humana, uma autoridade humana, ainda contém, apesar de todo o horror, algo muito bonito. Não quero romantizar o sofrimento — qualquer porção já é um banquete —, mas as pessoas que não sofrem nunca poderão crescer, nunca poderão descobrir quem são. A pessoa que é forçada diariamente a arrancar sua masculinidade, sua identidade, do fogo da crueldade humana determinada a destruí--la, se sobreviver, e mesmo que não sobreviva, sabe algo sobre si mesma e sobre a vida humana que nenhuma escola na terra — e, na verdade, nenhuma igreja — pode ensinar. Ela alcança sua própria autoridade, e isso é inabalável. Porque, para salvar sua vida, essa pessoa é forçada a olhar através das aparências, a não considerar nada como garantido, a ouvir o significado por trás das palavras. Se alguém sobrevive continuamente ao pior que a vida pode oferecer, uma hora deixa de ser controlado pelo medo disso; tudo o que carrega pode ser suportado. E, nesse estado de experiência, a amargura começa a ser palatável e o ódio torna-se um saco pesado demais para ser carregado. A apreensão de nossa vida esboçada aqui de forma tão breve e inadequada têm sido a experiência de gerações de negros, e ajuda a explicar como resistiram e como foram capazes de criar crianças que conseguem atravessar multidões para chegar à escola. É necessária imensa força e inteligência para sempre atacar a poderosa e indiferente fortaleza da supremacia branca, e é o que os negros desta terra têm feito há muito tempo. É preciso muita resiliência espiritual para não odiar quem o odeia e que está com o pé em seu pescoço, e um milagre ainda maior de percepção e caridade para não ensinar os filhos a odiar essa pessoa. Os rapazes e as moças negros que hoje enfrentam multidões provêm de uma longa linhagem de aristocratas improváveis — os únicos aristocratas genuínos que este país produziu. Digo "este país" porque o quadro de referência era totalmente americano. Os membros dessa linhagem arrancavam da montanha da supremacia branca a pedra de sua individualidade. Tenho grande respeito por aquele exército desconhecido de homens e mulheres negros que marcharam pelas vielas secundárias e entraram pela porta dos fundos, dizendo "Sim, senhor" e "Não, senhora" a fim de adquirir um novo telhado para a escola, novos livros, um laboratório de química reformado, dormitórios e mais camas para os dormitórios. Ninguém gostava de dizer "Sim, senhor" e "Não, senhora", no entanto o país não tinha interesse algum em educar os negros, e esses homens e mulheres negros sabiam que o trabalho precisava ser feito e engoliam seu orgulho para fazê--lo. Não é possível acreditar que fossem de alguma forma inferiores aos homens e mulheres brancos que abriram aquelas portas dos fundos. Não é possível acreditar que esses homens e mulheres negros, ao criarem os filhos, comendo suas verduras, lamentando suas maldições, chorando suas tristezas, cantando suas canções, fazendo amor, enquanto o sol nascia, enquanto o sol se punha, eram de alguma forma inferiores aos homens e mulheres brancos que se arrastavam para compartilhar seus esplendores à luz do sol e escondiam sua escuridão. Porém precisamos evitar o erro europeu; não devemos supor que, pelo fato de a situação, os costumes e as percepções dos negros diferirem tão radicalmente dos brancos, estes fossem racialmente superiores. Tenho orgulho dessas pessoas negras não por sua raça, mas por sua inteligência, por sua força espiritual e por sua beleza. O mundo também deveria se orgulhar, mas, infelizmente, poucos nesta terra sequer sabem da existência delas. E a razão para essa ignorância é que o reconhecimento do papel desempenhado pelos negros — até hoje — na vida deste país revelaria mais sobre as Américas aos americanos do que eles desejam saber.

Os negros americanos contam com a grande vantagem de nunca terem acreditado naquela coleção de mitos aos quais os brancos se apegam: que seus ancestrais eram todos heróis amantes da liberdade, que nasceram no maior país que o mundo já viu, ou que os americanos são invencíveis nas batalhas e sábios na paz, que sempre trataram honradamente os mexicanos e os povos originários e todos os outros vizinhos ou subalternos, que os homens americanos são os mais francos e viris do mundo, que as mulheres americanas são puras. Os negros sabem muito mais sobre os brancos do que essa falácia; quase podemos dizer, de fato, que os negros sabem sobre os brancos o que os pais — ou, pelo menos, as mães — sabem sobre seus filhos, e que muitas vezes veem os brancos dessa forma. E talvez essa atitude, mantida apesar do que passaram, ajude a explicar por que os negros, em geral, e até recentemente, se permitiram sentir tão pouco ódio. A tendência sempre foi, na medida do possível, descartar os brancos como vítimas amalucadas de sua própria lavagem cerebral. Bastava ver a vida que levavam. Ninguém poderia se enganar quanto a isso; observávamos as coisas que faziam e as desculpas que davam a si mesmos, e, se um branco estivesse de fato com problemas, profundos e reais, era à porta do negro que ele vinha. E sabíamos que, se tivéssemos as vantagens mundanas daquele homem branco, nunca teríamos ficado tão desnorteados, tão tristes e tão inadvertidamente cruéis como ele. O negro procurou o homem branco por um teto ou por dinheiro ou por uma carta ao juiz; o homem branco procurou o negro por amor. Contudo, nem sempre conseguia oferecer o que ele mesmo procurava. O preço era altíssimo e ele tinha muito a perder. E o negro também sabia disso. Quando se conhece um homem a esse ponto, é impossível odiá-lo, mas, a menos que ele se torne um homem igual a nós, também é impossível amá-lo. Em última instância, tendemos a evitá-lo, pois a característica universal das crianças é presumir que têm o monopólio dos problemas e, portanto, o monopólio de *nós*. (Pergunte a qualquer pessoa negra o que ela sabe sobre os brancos com quem trabalha. E depois pergunte aos brancos com quem trabalha o que sabem sobre *nós*.)

Como o passado do negro americano pode ser aproveitado? É perfeitamente possível que esse passado desonrado ressurja em breve para atingir a todos nós. Existem algumas guerras, por exemplo, que o negro americano não apoiará (se é que alguém no mundo ainda é louco o bastante para apoiar ou ir à guerra), por mais que muitos de seu povo possam ser coagidos a tal — e há um limite para o número de pessoas que qualquer governo pode encarcerar em uma prisão e, na verdade, um limite rígido para a viabilidade disso. Uma conta que, receio, esta terra não está preparada para pagar se aproxima. "O problema do século xx", escreveu W. E. B. Du Bois há cerca de sessenta anos, "é o problema da linha de cor." Um problema terrível e delicado, que compromete, quando não corrompe, todos os esforços para construir um mundo melhor — aqui, ali ou em qualquer lugar. É por essa razão que tudo em que brancos americanos pensam que acreditam deve agora ser reexaminado. O que não gostaríamos de rever é a consolidação dos povos com base na cor. Mas enquanto nós, no Ocidente, continuarmos atribuindo valor à cor, tornaremos impossível para o povo consolidar-se de acordo com qualquer outro princípio. A cor não é uma realidade humana ou pessoal; é uma realidade política. Mas essa é uma distinção tão difícil de compreender que o Ocidente ainda não foi capaz disso. E no centro dessa terrível tempestade, dessa vasta confusão, está o povo negro desta terra, que deve agora partilhar o destino de uma nação que nunca o aceitou e para a qual foi levado acorrentado. Ora, se for assim, não temos outra escolha a não ser fazer tudo o que estiver ao alcance para mudar esse destino, independentemente do risco — expulsão, prisão, tortura e morte. Para o bem das crianças, para minimizar a conta que *elas* deverão pagar no futuro, é preciso ter cuidado para não se refugiar em nenhuma ilusão — e o valor atribuído à cor da pele é sempre, em todo lugar e definitivamente, uma ilusão. Sei que o que proponho é impossível. Mas em nossa época, como em todas as outras, o impossível é o mínimo que se pode exigir — e, afinal de contas, temos sido encorajados pelo espetáculo da história humana em geral, e da história dos negros dos Estados Unidos em particular, pois ela testemunha nada menos do que a conquista perpétua do impossível.

Quando eu era muito jovem e estava com meus amigos naquelas esquinas fedendo a vinho e urina, algo em mim se perguntava: *O que acontecerá com toda essa beleza?* As pessoas negras, embora eu saiba que alguns de nós, negros e brancos, ainda não percebem, temos muita beleza. E quando me sentei à mesa de Elijah e observei os bebês, as mulheres e os homens, e conversamos sobre a vingança de Deus — ou de Alá —, me questionei, quando essa vingança porventura for alcançada: *O que acontecerá com toda essa beleza?* Também pude perceber que a intransigência e a ignorância do mundo branco podem tornar essa vingança inevitável — uma vingança que não depende realmente de uma pessoa ou organização, e que não pode de fato ser executada por qualquer um, e que não pode ser evitada por nenhuma força policial ou pelo Exército: uma vingança histórica, uma vingança cósmica, baseada na lei que reconhecemos quando dizemos: "Tudo o que sobe desce". E aqui estamos nós, no centro do arco, presos na roda d'água mais vistosa, mais valiosa e mais improvável que o mundo já viu. Tudo agora, devemos presumir, está em nossas mãos; não temos o direito de presumir o contrário. Se nós — e agora me refiro aos brancos relativamente conscientes e aos negros relativamente conscientes, que devem, como pares, insistir ou despertar a consciência dos outros — não vacilarmos em nosso dever agora, apesar de poucos, poderemos ser capazes de acabar com o pesadelo racial, levantar nosso país e mudar a história do globo. Se não ousarmos tudo agora, se abaterá fatalmente sobre nós o cumprimento daquela profecia, recriada em canção a partir da Bíblia por um escravizado:

Deus deu a Noé o arco-íris como aliança
Chega de água, da próxima vez, o fogo!*

---

* *"God gave Noah the rainbow sign,/ No more water, the fire next time!"*

Posfácio

Os dilemas de Baldwin

Ronaldo Vitor da Silva

Como se fosse declamado para um público sedento ou lido no silêncio de quem busca compreender a própria existência, a intensidade de *Da próxima vez, o fogo* é um contraponto às suas poucas páginas. Breve, o volume publicado em 1963 traz à tona um James Baldwin vibrante, inflamado com o terror racial que dominava seu país. O primeiro dos dois textos que compõem o volume, "Minha masmorra estremeceu", é uma carta que Baldwin destina ao sobrinho, seu homônimo. Já o segundo, "Carta de uma região de minha mente", lembra uma carta, mas omite o destinatário e apresenta marcas de ensaio. Como o título sugere, o longo fluxo de pensamentos passa por momentos diversos da vida do escritor e tece uma reflexão memorialística, densa e profundamente analítica do cotidiano nos Estados Unidos.

O ponto de partida dos dois textos é o drama da experiência negra norte-americana, especialmente concentrada nas ruas do Harlem, em Nova York. Ali, numa espécie de gueto onde o apartheid social cercava suas vítimas de pele negra, a voz de Baldwin emerge como afirmação da vida e da dignidade, bem como uma resposta ao racismo branco que sufocava negros em praça pública. Com construções de tijolo marrom e muros baixos, o Harlem é o berço onde o autor nasceu, em 1924, e o local que, mesmo depois de morar em diferentes países, instigou seus pensamentos ao longo da vida. O Harlem de Baldwin, portanto, representa o enclausuramento social de pessoas negras e as fronteiras de experiências marcadas pelo racismo e por sua superação no dia a dia.

A mescla de experiência individual com apurada análise de conjuntura faz com que as propostas de *Da próxima vez, o fogo* partam de um contexto íntimo ao autor. Baldwin escreve sobre o que vive, e sua vida permite o enriquecimento sensível das análises política, histórico-social e cultural norte-americanas. É essa mistura, moderna e em primeira pessoa, que nutre seus textos, capazes de desmembrar conexões surpreendentes entre as memórias de eventos cotidianos e os impasses dos Estados Unidos.

Desde a década de 1920, com o Renascimento do Harlem, teve início uma tradição intelectual e uma política de cunho racial da qual Baldwin foi herdeiro direto. Esse movimento de renovação estética e produção artística buscava quebrar estereótipos negativos sobre pessoas negras e propor a emergência do "novo negro", isto é, a afirmação do sujeito negro diante da sociedade branca, rompendo com ideias de subordinação, passividade e mediocridade. Mobilização pujante no período entre as Grandes Guerras — especialmente com o retorno de soldados negros da Primeira Guerra Mundial — e com inspirações internacionalistas que vinham, por exemplo, do Congresso Pan-Africano (1919), da imigração caribenha para os Estados Unidos e da Revolução Russa (1917),* o Renascimento do Harlem deslocou a representação do negro para uma posição de dignidade e autodeterminação que se desdobrou na luta dos anos seguintes.

O sentido positivo que os artistas e intelectuais negros buscavam para si compreendia a literatura como algo fundamental para a transformação cultural que propunham. Assim sendo, escritores como Langston Hughes e Alain Locke passaram a enfatizar que o "novo negro" deveria recuperar seus valores culturais e históricos, misturando-os com feições modernas descritas em primeira pessoa. Ao falar sobre si mesma, a pessoa negra deixaria de ser objeto de análise alheia para se tornar sujeito da própria história. Essa tradição focada no eu "explorou as possibilidades da ação cultural e política por meio de uma consciência positiva das heranças e tradições afroamericanas",** propiciando um legado fundamental para todo o movimento negro do país.

---

* Matheus Cardoso da Silva, "Do antirracismo local ao antifascismo global: A transnacionalização do movimento negro nos EUA". *Revista Eletrônica da ANPHLAC*, n. 27, pp. 144-84, 2019.
** Leandro Karnal et al., *História dos Estados Unidos: Das origens ao século XXI*. São Paulo: Contexto, 2007, p. 205.

Para além de seu desdobramento nas ruas do bairro, o Renascimento do Harlem também marcou a trajetória de estudos de Baldwin. Quando matriculado na Frederick Douglas Junior High School, o jovem escritor recebeu incentivo de duas figuras importantes desse movimento: o aclamado poeta Countee Cullen e o professor de matemática Herman Porter.

Nesse ambiente delimitado pela fronteira racial, Baldwin cresceu consciente de sua grandeza e engajado numa luta coletiva. "Escreve-se com base em apenas uma coisa: a experiência própria",* afirmaria em sua "Nota autobiográfica", ensaio que abre o clássico *Notas de um filho nativo* (1957). Ao escrever em primeira pessoa, como nos textos de *Da próxima vez, o fogo*, Baldwin passa pela elaboração da própria memória e pela exposição de desejos, contradições e impossibilidades, refletindo uma busca por dignidade em um país que o desumanizava. A escrita pessoal, na mesma proporção orgulhosa e inflamada pelo racismo, encontra um nó ao constatar que o autor não era somente um sujeito nascido nos Estados Unidos, mas também negro e gay. "A dificuldade, para mim, de ser um escritor negro, portanto, residia no fato de que, na verdade, eu estava proibido de examinar minha própria experiência de maneira profunda."** Já na entrevista de 1984 a Richard Goldstein, no jornal *The Village Voice*, o prisma seria outro: "A questão do

---

* James Baldwin, *Notas de um filho nativo*. São Paulo: Companhia das Letras, 2020, p. 33.
** Ibid.

afeto humano, da integridade, em meu caso, a questão de tentar me tornar escritor, estão todas conectadas com a questão da sexualidade".* O desejo de ser um escritor de pensamento livre, que busca por redenção diante do que os brancos impunham para os negros, e a aflição em relação ao que um escritor pode fazer quando é negro são algumas das questões com que Baldwin precisaria lidar durante toda a sua trajetória. Ora particular, ora universalista, ora ambos ao mesmo tempo, o pensamento de Baldwin não é exclusivamente sociológico ou histórico. Ele mescla o fazer literário com ativismo político, numa equação em que o alcance da posição de escritor reflete sobre o reconhecimento de sua condição humana — uma condição ainda impossível nos Estados Unidos da segregação racial.

Conhecia a tensão que havia em mim entre o amor e o poder, entre a dor e a raiva, e a maneira curiosa e opressiva como eu ficava dividido entre esses polos — sempre tentando escolher o melhor em vez do pior. No entanto, essa escolha tinha relação com uma ascensão pessoal, particular (afinal, sou escritor); qual era sua relevância no que diz respeito às mazelas sociais? (p. 64)

Esse dilema é uma das forças de *Da próxima vez, o fogo*. Em "Minha masmorra estremeceu", carta destinada ao sobrinho de nome James, o autor anuncia o doloroso proces-

---

* Id., *The Last Interview: And Other Conversations*. Brooklyn, Nova York: Melville, 2014, p. 62.

so de nascimento daquela mensagem. Rasgada inúmeras vezes antes de encontrar sua forma final, a comunicação mostra o afeto que Baldwin nutre pelo destinatário seja pela aproximação familiar, seja pela aflição de que o jovem sofra em um mundo cravejado pelo racismo. A partir de um olhar que conecta seu sobrinho com uma linhagem de homens negros tenazes, Baldwin faz um longo exercício de análise subjetiva, esboçando a raiz do sofrimento material e psíquico que acomete a população negra norte-americana — além disso, indica meios para que o sobrinho sobreviva nessa sociedade. Em suma, a carta com tom de orientação e advertência parte do gesto solitário de reescrita e cresce ao revelar experiências de sujeitos solapados pela supremacia branca. A partir daí, o texto interpreta os impactos de uma vida em um país racialmente desigual, discutindo os fracassos do sonho e da identidade norte-americana à luz do centésimo aniversário da abolição.

"Carta de uma região de minha mente", por sua vez, retorna ao momento de uma crise religiosa vivida pelo autor quando ele tinha catorze anos. Publicado pela primeira vez em 1962, na revista *New Yorker*, o texto começa com a aflição de Baldwin ao se dar conta do risco de viver numa região como o Harlem. Porto seguro em meio a um cenário marginalizado, a igreja protestante nasce como possibilidade de fuga para o jovem intelectual encontrar segurança diante do medo de se tornar uma vítima da criminalidade ou de entrar para a prostituição: "Até então, não me ocorrera que eu poderia me tornar uma dessas pessoas, porém percebi naquele momento que havíamos sido gerados pelas mesmas circunstâncias" (p. 26), afirma. Mas a crise de consciência é apenas o pontapé para preocupações maiores. Com parágrafos extensos e confessionais, o texto faz uma investigação meticulosa sobre a desigualdade racial e seus desdobramentos na subjetividade negra, passando pela reflexão do que significa ser branco nos Estados Unidos, e responsabiliza a supremacia branca pela tragédia social em curso. Ao conclamar os brancos para uma mudança radical nos rumos da nação, Baldwin intercala cenas de conflitos pessoais com o pai e a descrição da sensação de liberdade com os amigos da igreja e de sua impressionante performance no púlpito.

Em um ensaio franco sobre as violações cometidas em seu país, Baldwin jamais abandona a experiência pessoal. E, se é o protagonismo sobre a própria vida que alicerça a reflexão do escritor, "Carta de uma região de minha mente" não deixa de discutir outra tensão que o autor vivenciava junto a seus pares: os impasses políticos da comunidade negra na luta por direitos civis, preocupada entre a não violência de Martin Luther King Jr. e a crescente adesão ao islamismo de Malcom X e Elijah Muhammad.

Mais do que relacionar experiência biográfica com fato social, *Da próxima vez, o fogo* é singular por centralizar a função da identidade racial branca na sustentação da desigualdade racial, escancarada nas relações de poder. Seja pela advertência, seja pela denúncia, ambos os textos da obra detalham a engenharia que mantém erguido um mundo onde brancos são tratados como modelo de identificação de humanidade e negros como sujeitos de segunda categoria, subpessoas.* A escrita de Baldwin, que traz consigo a tônica dos sermões protestantes e a altivez militante, questiona a legitimidade branca em sua forma de ser e agir para com os outros e consigo mesmo, distanciando seu ideal de superioridade civilizatória para uma posição de fragilidade e inconsistência. Sob o prisma do intelectual negro, em um mundo regido pelos brancos é necessário outorgar aos detentores do poder a responsabilidade pela degradante condição imposta à população negra. O diagnóstico é contundente e fundamental, já que desloca a posição de desumanização da vítima negra para o outro lado da opressão, que passaria a ser visto como produtor da violência racial. O branco sai de modelo ideal ou referência desejada para se revelar o pilar de uma estrutura segregadora:

> [...] com certeza existe pouca coisa na vida pública ou privada do homem branco que alguém deva desejar imitar. Os homens brancos, no fundo de seu ser, sabem disso. Portanto, grande parte da energia investida no que chamamos de problema do negro é produzida pelo profundo desejo dos brancos de não serem julgados pelos não brancos, de não serem vistos como são e, ao mesmo tempo, uma grande parte da angústia branca está enraizada na necessidade igualmente profunda das pessoas brancas de serem vistas como são, de serem libertadas da tirania do espelho. (p. 94)

* Charles W. Mills, *O contrato racial*. Rio de Janeiro: Zahar, 2023.

Uma vez desfeita a crença de superioridade racial, Baldwin nos permite questionar os lugares sociais de dominação, apontando que o ideal branco é uma construção sócio-histórica superável, conectada com as relações políticas e de poder.* Isso posto, ao longo do livro notamos que os efeitos da supremacia branca se constituem como uma ideologia que permite a elaboração de práticas de significação, identificação e pertencimento partilhados entre os sujeitos. Em outras palavras, numa sociedade segregada, ser branco confere a essa população valores positivos, expectativas irrestritas, posições de destaque, privilégios e padrões comportamentais e morais socialmente admirados.**

Da próxima vez, o fogo disseca o funcionamento da supremacia branca no efervescente contexto dos Estados Unidos da década de 1960 ao mesmo tempo que explicita seu impacto na vida cotidiana e na subjetividade de pessoas negras. À medida que o fato de ser branco é tratado como norma e referência de humanidade, o contrato racial imposto direciona aos negros uma compreensão diminuta de si mesmos, à luz da opressão e da sujeição. Ciente dessa condição avessa, Baldwin descreve as vidas dilaceradas pelo racismo, pelas possibilidades restringidas e pelos crimes inafiançáveis que jamais serão julgados. O alto custo do mito da inferioridade negra se dá até mesmo na quebra da confiança, da

---

* Ibid.
** Lia Vainer Schucman, *Entre o encardido, o branco e o branquíssimo: Branquitude, hierarquia e poder na cidade de São Paulo*. São Paulo: Veneta, 2020.

autoestima e da altivez da comunidade. Em dado momento, o autor afirma que os negros "são ensinados a desprezar a si próprios desde o momento em que seus olhos se abrem para o mundo. Este mundo é branco, e eles são negros" (pp. 33-4). Em outro trecho, ao relembrar o dia que seu pai notou que ele (Baldwin) queria fazer as mesmas coisas que uma criança branca, lemos um medo sufocante que "não era nada parecido com o medo que eu ouvia em sua voz quando um de nós ficava doente, caía da escada ou ia brincar muito longe de casa" (pp. 34-5). Dessa maneira, Baldwin expõe como em uma sociabilidade regulada por valores brancos, cujo papel de inferioridade é associado à experiência de ser negro, este pode pagar um elevado "custo emocional da sujeição".*

Ainda que seja o porta-voz de uma condição dramática, Baldwin não é um escritor desesperançoso. A denúncia da supremacia branca que ameaça a vida negra é utilizada pelo autor como combustível para uma transformação ampla e complexa. Embora o pensamento do escritor se concentre na fronteira de sua nacionalidade, é possível encontrar em *Da próxima vez, o fogo* um discurso de grande fé na reordenação social e no reposicionamento das relações humanas.

A despeito da violência, do massacre e do desrespeito diário, o discurso de Baldwin alicerça um terreno que confirma a força e a dignidade negras, mobilizando recursos ca-

---

* Neusa Santos Souza, *Tornar-se negro: As vicissitudes do negro brasileiro em ascensão social*. Rio de Janeiro: Zahar, 2021, p. 46.

pazes de louvar uma rica tradição cultural ao tornar positivo aquilo que é subjugado pelo branco. Nas amplas reflexões de "Carta de uma região de minha mente", o escritor é seguro de suas ambições: "Eu não ia permitir que os brancos deste país me dissessem quem eu era, e assim me limitassem e me lapidassem" (p. 32). Quando olha para sua comunidade, em nenhum momento Baldwin enxerga apatia ou resignação, mas vivacidade e consciência: "Os negros americanos contam com a grande vantagem de nunca terem acreditado naquela coleção de mitos aos quais os brancos se apegam" (p. 99). Já em "Minha masmorra estremeceu", o sobrinho, também negro, recebe uma carta que enaltece sua própria história: "Será difícil, James, mas você vem de uma linhagem forte, de trabalhadores rurais, de pessoas que colheram algodão, represaram rios e construíram ferrovias e que, apesar das piores adversidades, alcançaram uma dignidade incontestável e monumental" (p. 19).

Além do convite ao resgate da autoestima negra proposto em *Da próxima vez, o fogo*, Baldwin faz um apelo complexo que surpreende os leitores. Mesmo sob latidos de cães, ofensas em restaurantes e proibições de circulação, o escritor vê na população negra uma astúcia e uma integrade que cauterizam a explosão incontrolável do ódio contra os brancos. Há, sim, aversão pelas humilhações vividas, mas junto dela caminha a crença de que o negro norte-americano pode ensinar aos conterrâneos brancos uma forma de libertação de seu mal-estar e sua fragilidade, travestidos na falsa ideia de superioridade racial. Esse gesto piedoso passaria pela compreensão de que o branco deve alçar a consciência de sua finitude e pequenez (algo avesso à ideia de supremacia), enquanto o negro disporia de um amor genuíno, fruto da autovalorização e do reconhecimento de que o branco é tão humano quanto ele. "O que é realmente terrível, meu companheiro, é que *você* precisa *aceitá-los*. E estou falando sério. Você precisa aceitá-los e aceitá-los com amor" (p. 17), diz o autor ao sobrinho.

O amor, visto como percurso em direção a um humanismo amplo e universalista, é a forma pela qual Baldwin compreende a superação de tensões que levaria à realização plena de uma nação livre, sem o uso político do conceito de raça. No mais, ao apostar no amor, ele acredita que é possível fugir de qualquer tipo de sentimento de vingança, revanchismo ou desejo de manutenção das estruturas de poder desiguais. Aliás, reside aí uma preocupação cara à coerência do escritor: se ele enfatiza a brutalidade dos agentes da supremacia branca e destaca a dignidade negra como alternativa viável, como seria possível almejar rumos que não fizessem uso de violência? Como criar condições de vida nobres que não compartilhem os mesmos processos de segregação daqueles vistos no momento de escrita de *Da próxima vez, o fogo*? Ou seja, como manter ativo o interesse na identidade negra que zela por sua dignidade e honra sem se opor "a qualquer tentativa de que os negros façam aos outros o que lhes foi feito" (p. 84)?

Já que Baldwin era testemunha ocular e agente direto da luta por direitos nos Estados Unidos, qual seria, afinal, sua proposta para aquele momento histórico? Reside aqui um dos grandes dilemas de *Da próxima vez, o fogo*. Ainda que compreenda a validade e o senso de unidade derivado do movimento muçulmano de Malcolm e Elijah, Baldwin é avesso a essas propostas por considerá-las violentas; por sua vez, enxerga a desobediência civil pacífica de Martin Luther King Jr. como algo ameno e conivente para os brancos manterem seus privilégios. Entre a cruz, a espada e duas saídas que lhe desagradam, a voz que produziu romances como *Terra estranha* e *Se a rua Beale falasse* denuncia e interpreta a existência da supremacia branca com veemência e vê na fraternidade amorosa uma perspectiva. Não se trata, contudo, de alienação e espera displicente: a postura amorosa, de acordo com Baldwin, é crucial para redirecionar a aversão e o ódio para um futuro diferente. Esse horizonte coloca o amor como necessidade em um mundo onde era impensável que pessoas negras fossem amadas por seus concidadãos brancos. Embora não tenha se ausentado das manifestações públicas e das cenas de engajamento político em seu país, a reflexão de Baldwin é impopular, a ponto de receber críticas forçosas por certa "incultura política e sociológica",* como escreveu Paulo Francis na introdução da primeira edição brasileira de *Da próxima vez, o fogo*. Talvez não se trate de incultura, mas da afirmação de anseios pertinentes para uma posição que o autor tanto almejou em sua vida: a de um escritor de pensamento livre. Ao discutir categorias como o amor, a fé e a esperança, Baldwin

---

* Paulo Francis, "A lição de Baldwin". In: James Baldwin, *Da próxima vez, o fogo: Racismo nos EUA*. Rio de Janeiro: Biblioteca Universal Popular (BUP), 1967, p. 17.

quebra a supremacia branca no que lhe era específico e abandona a desmoralização alocada sobre os negros, dando um sentido humanista para suas ideias. Já do ponto de vista pessoal, tira de si qualificativos que limitariam sua existência. "Quero ser um homem honesto e um bom escritor", diria em texto de 1955.*

No que diz respeito à política, aliás, a retomada no interesse por Baldwin hoje está ligada ao que Paulo Roberto Pires destacou como um olhar renovado para seu ativismo político,** e menos para sua face de romancista e dramaturgo, como ocorreu na década de 1990. Os textos de *Da próxima vez, o fogo* são cruciais para verificar uma atuação política que mescla excelente retórica, tradição literária e refino estético, assim como pensamento religioso e precisão analítica ímpares. A envergadura alcançada pelo autor, por sinal, fez com que ele se tornasse alvo de investigações do FBI que passavam por acusações de extremismo e alinhamento com o comunismo. Ao fim do processo, Baldwin teria mais de 180 páginas de um dossiê preparado pela polícia norte-americana,*** mostrando o elo entre pensamento e ação, entre o intérprete de si e o da realidade social.

---

* J. Baldwin, *Notas de um filho nativo*, op. cit., p. 35.
** Paulo Roberto Pires, "Baldwin, a terceira onda". *Quatro Cinco Um*, 1 ago. 2020. Disponível em: <www.quatrocincoum.com.br/br/colunas/critica-cultural/baldwin-a-terceira-onda>.
*** Hélio Menezes, "James Baldwin e os desafios da (des)classificação". In: James Baldwin, *O quarto de Giovanni*. São Paulo: Companhia das Letras, 2018.

Por ser quem era, "esperava-se, portanto, que os limites de sua ambição fossem predefinidos" (p. 16), mas o que Baldwin faz é transgredir as expectativas, afastando-se de adjetivos impertinentes.* Em *Da próxima vez, o fogo* as reflexões abertas encontram sua forma ideal nas possibilidades discursivas de uma carta e de um ensaio, mas não só isso: o livro permite que Baldwin seja outra vez notado como intelectual público a partir de sua própria experiência e de questões como identidade, amor, cultura e o significado de ser escritor, negro, gay e, sobretudo, humano.

---

* Silviano Santiago, "Rastejando por baixo das mimosas como uma pantera e saltando no ar". In: James Baldwin, *Terra estranha*. São Paulo: Companhia das Letras, 2018, p. 510.

Um perfil de James Baldwin

Márcio Macedo

James Arthur Baldwin foi o grande inovador da literatura afro-americana entre os anos 1950 e 1970, tornando-se uma referência de seu tempo ao lado de figuras como Truman Capote, John Updike e Philip Roth. Tendo como uma de suas principais influências Henry James (1846-1913), a ponto de ser chamado de "Henry James do Harlem", Baldwin foi romancista, ensaísta, poeta e dramaturgo, além de ativista político. Sua obra tem sido recuperada por filmes, livros e reedições que continuamente evidenciam sua contribuição na elaboração de uma subjetividade multifacetada e complexa: negra, gay, masculina, intelectualizada, urbana e cosmopolita. Publicou em vida mais de vinte livros, distribuídos entre romances, ensaios, peças de teatro, poemas e contos.

Nascido no Harlem, bairro negro de Nova York, em 1924, Baldwin pertencia a uma família pobre e religiosa que tinha raízes no Sul dos Estados Unidos.* Um médico do Harlem Hospital disse à sua mãe, Emma Berdis Jones, que, devido ao seu aspecto frágil, ele não viveria mais do que cinco anos. Três anos após o nascimento do filho, sua mãe, que havia abandonado o pai biológico do menino ainda grávida, se tornou Emma Berdis Baldwin ao se casar com o reverendo David Baldwin, um pastor moralmente rígido e descrente em relação aos brancos, com os quais mantinha uma relação de desconfiança, ódio e subserviência. Os dois tiveram mais oito filhos, além de James e de um primeiro filho de David, três anos mais velho. Embora considerasse o reverendo seu pai, quando pequeno James era tratado por ele com desdém, e essa relação acabaria se tornando o leitmotiv da sua produção literária.

Seu talento para a escrita foi notado logo cedo. Ele estudou na Public School 24, onde, estimulado pelos professores, escreveu peças de teatro. Anos depois, foi para a Frederick Douglass Junior High School. Nessa escola, teve aulas de poesia com Countee Cullen, poeta vinculado ao Harlem Renaissance nos anos 1920 e formado pela Universidade de Nova York. Cullen e outro professor, Herman Porter, formado em Harvard, tiveram papel importante na trajetória de Baldwin, estimulando-o a encarar os estudos com seriedade. Seguindo sugestão de Cullen, Baldwin se candidatou a uma vaga na DeWitt Clinton High School, no Bronx, uma escola somente para garotos famosa pela qualidade de en-

---

* Para uma biografia, ver D. Leeming, *James Baldwin: A Biography*. Nova York: Arcade, 1994.

sino. Ao ser admitido, Baldwin entrou em contato com um ambiente composto majoritariamente de jovens judeus oriundos de famílias com orientação política de centro-esquerda, apoiadores do programa de recuperação econômica do presidente Roosevelt — o New Deal — e da causa negra. Baldwin trabalhou na revista literária da escola, *The Magpie*, e ali fez amigos, a maior parte deles brancos e judeus, que se tornaram seus pares intelectuais.

Entre os catorze e os dezessete anos, Baldwin foi pastor mirim na Assembleia Pentecostal de Fireside, tendo decorado trechos da Bíblia e conduzido cultos para uma quantidade de fiéis nunca antes vista por seu pai na época de ministério. Para ele, a religião e a leitura eram um refúgio dos problemas vivenciados em casa. A formação intelectual na escola e o grupo de amigos com quem convivia suscitavam, cada vez mais, questionamentos em relação ao pai, à religião e à sua sexualidade. Seguindo a sugestão de seu amigo e colega de escola judeu Emile Capouya, Baldwin visitou o artista plástico Beauford Delaney. Artista negro e gay vinculado ao Harlem Renaissance nos anos 1920 e morador do Greenwich Village — a área boêmia, artística e intelectual de Nova York —, Delaney tornou-se seu mentor, introduzindo o jovem no universo artístico. Foi justamente nesse período que Baldwin resolveu abandonar a religião. Posteriormente, mudou em definitivo para o Village.

O autor viveu períodos difíceis devido à ausência de recursos, à insanidade do pai e à necessidade de cuidar da família. Nesse período, afastou-se da literatura e chegou a duvidar da possibilidade de se tornar escritor. Com a morte do pai, em 1943, a situação se agravou. Baldwin fez bicos em restaurantes no Village e começou a trabalhar em revistas como a *Nation*, elaborando resenhas semanais de livros. A atividade possibilitou a Baldwin que aperfeiçoasse suas ideias e desenvolvesse seu estilo de escrita. Ele chegou a fazer cursos na The New School, onde conheceu o ator Marlon Brando, que na época estudava artes cênicas. Mas Baldwin nunca cursaria o ensino superior. A vida tumultuada, as incertezas, os impedimentos financeiros, as desilusões amorosas e a dificuldade de avançar no seu primeiro romance levaram-no a considerar o suicídio, tema recorrente em suas obras. Foi nesse contexto que decidiu deixar os Estados Unidos e, seguindo a trilha de outros escritores, intelectuais e artistas, como seu mentor Richard Wright, se autoexilou em Paris em 1948.

Os dois primeiros livros de repercussão de Baldwin retratam questões vivenciadas na infância e na juventude, como religião, raça e sexualidade. Em *Go Tell It on the Mountain* (1953), romance de formação semibiográfico, a religião, elemento fundamental na experiência societária afro-americana, é abordada a partir de seu papel de organizador social da vida negra nos Estados Unidos e, por outro lado, sua submissão em diversos contextos. Esse paradoxo pode ser percebido ao acompanhar no livro a trajetória de John Grimes, alter ego de Baldwin. Na estética literária do autor, sagrado e profano se envolvem e se rearticulam, produzindo situações que explicitam os impasses, as desigualdades, as injustiças, a resiliência e até mesmo a comicidade vivenciadas por afro-americanos cotidianamente. *Notas de um fi-*

lho nativo (1955), por sua vez, descreve a relação conflituosa com o pai e a tomada de consciência racial do autor. A morte do pai revela uma dolorosa interseção entre biografia e história mediada pela raça. A ilegitimidade existente na relação entre Baldwin pai e Baldwin filho, nunca abertamente discutida, mas constantemente sugerida, faz alusão no ensaio à ilegitimidade com a qual os Estados Unidos tratavam os afro-americanos.

Baldwin ganharia ainda mais notoriedade com o segundo romance, *O quarto de Giovanni* (1956), que aborda temas como homossexualidade, exílio e crise existencial através da experiência de David, um americano em Paris que acaba se apaixonando e se envolvendo com um bartender italiano chamado Giovanni.

Em 1957, em meio ao crescimento do movimento pelos direitos civis, Baldwin voltou para os Estados Unidos e se tornou uma voz entre os dois polos ideológicos do movimento negro americano da época — Martin Luther King e Malcolm X. Com fama e influência no meio intelectual e artístico, ele conseguiu levar uma série de celebridades brancas e negras para as fileiras do movimento. O ensaio "Carta de uma região de minha mente", parte do livro *Da próxima vez, o fogo* (1963) e publicado primeiramente na *New Yorker*, em 1962, tematiza a difícil relação dentro da comunidade afro-americana entre, de um lado, os cristãos representados por Martin Luther King Jr. e, de outro, o crescente número de muçulmanos negros vinculados à Nação do Islã, de Malcolm X e Elijah Muhammad. O texto rendeu a Baldwin a capa da *Time* no ano seguinte, quando o autor excursionava pelo Sul do país em favor do movimento pelos direitos civis e contra a segregação racial vigente naqueles estados.

Dentro da comunidade afro-americana, Baldwin ocupava uma espécie de não lugar, sendo objeto de desconfiança devido à sua ambivalência sexual. A dificuldade de conexão com o universo afro-americano pode ser verificada na complicada relação de Baldwin com Malcolm X e, posteriormente, com os Panteras Negras. Eldridge Cleaver, que se notabilizaria como ministro da Informação do grupo, escreveu na prisão em 1965 uma série de ensaios revolucionários que viriam a ser publicados sob o título de *Soul on Ice* (1968).* Um dos textos, intitulado "Notes on a Native Son", é um ataque extremamente violento e homofóbico a James Baldwin.

O estilo descritivo, crítico e apurado de Baldwin viria a tomar forma mais evidente em *Terra estranha* (1962), através da articulação das temáticas de raça, sexualidade e questões de classes na cena artística e intelectual nova-iorquina. Na trama, um grupo de amigos, negros e brancos, convivem em um universo alternativo de relativa tolerância racial. Até que o envolvimento de Leona, uma sulista branca recém-chegada a Nova York, com Rufus, um músico de jazz, põe em xeque a representação de masculinidade no grupo, os limites dos relacionamentos inter-raciais e a vitalidade do racismo, mesmo em uma cidade liberal e cosmopolita como Nova York.

---

* Ed. bras.: *Alma no exílio*. Rio de Janeiro: Civilização Brasileira, 1971.

Em 1974, ano da publicação de *Se a rua Beale falasse*, tanto Malcolm X como Martin Luther King Jr. já haviam sido assassinados. Os Panteras Negras estavam sendo dizimados por uma perseguição implementada pelo diretor do FBI à época, J. Edgar Hoover. O Cointelpro, programa de contrainteligência conduzido por Hoover, infiltrava informantes e agitadores no partido, promovendo a difamação e até mesmo a execução de lideranças. Inserido nesse contexto, o romance de Baldwin conta a história de Tish e Fonny, um jovem casal que ainda vive com os pais no Harlem. Tish está grávida e Fonny é acusado por um policial de ter estuprado uma mulher. O enredo evidencia a dificuldade das duas famílias de se manter unidas diante das adversidades que advêm do racismo. *Se a rua Beale falasse* é uma história de amor entre pessoas comuns que tentam manter a serenidade e a esperança em uma sociedade que não oferece quase nenhum reconhecimento social ou igualdade para os negros.

James Baldwin faleceu em 1º de dezembro de 1987 em Saint-Paul-de-Vence, na França, vítima de um câncer no estômago. Sua literatura influenciou a produção de uma série de autores e autoras negros mais recentes, como o escritor nigeriano Chinua Achebe (1930-2013), a ganhadora do Nobel de Literatura Toni Morrison, o artista plástico afro-americano Glenn Ligon, a romancista britânica Zadie Smith e muitas outras personalidades do universo artístico, intelectual e ativista negro de dentro e de fora dos Estados Unidos. Em 2016, um ano antes do aniversário de trinta anos da morte de Baldwin, foi lançado o documentário *Eu não sou seu negro*. Dirigido pelo cineasta haitiano Raoul Peck, ele registra debates, apresentações e seminários dos quais o autor participou entremeados com a leitura de um manuscrito inacabado intitulado *Remember This House*, no qual Baldwin relembra os assassinatos de Medgar Evers (1925-63), Malcolm X (1925-65) e Martin Luther King Jr. (1929-68).

Recentemente, o autor tem sido retomado justamente na sua articulação entre raça e sexualidade, em livros que tematizam o racismo, a homofobia, a misoginia e a divisão de classes, tão presentes entre negros e brancos, nos Estados Unidos e no Brasil.

ESTA OBRA FOI COMPOSTA PELO ACQUA ESTÚDIO EM MERIDIEN
E IMPRESSA EM OFSETE PELA GRÁFICA SANTA MARTA SOBRE PAPEL PÓLEN BOLD
DA SUZANO S.A. PARA A EDITORA SCHWARCZ EM JUNHO DE 2024

A marca FSC® é a garantia de que a madeira utilizada na fabricação do papel deste livro provém de florestas que foram gerenciadas de maneira ambientalmente correta, socialmente justa e economicamente viável, além de outras fontes de origem controlada.